顶级销售的 111 条军规

【德】马丁·林贝克（Martin Limbeck）著　杨耘硕 译

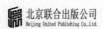
北京联合出版公司
Beijing United Publishing Co.,Ltd.

图书在版编目（CIP）数据

顶级销售的111条军规 / (德) 马丁·林贝克著；杨
耘硕译. — 北京：北京联合出版公司，2018.8
ISBN 978-7-5596-2310-2

Ⅰ.①顶… Ⅱ.①马… ②杨… Ⅲ.①销售学 – 通俗
读物 Ⅳ.①F713.3

中国版本图书馆CIP数据核字（2018）第154315号

著作权合同登记号：01-2018-3688

顶级销售的111条军规

著　　者：(德) 马丁·林贝克

译　　者：杨耘硕

总 发 行：北京时代华语国际传媒股份有限公司

责任编辑：楼淑敏

封面设计：仙　境

版式设计：胡玉冰

责任校对：韩　雨

北京联合出版公司出版
（北京市西城区德外大街83号楼9层　　100088）
北京市艺辉印刷有限公司印刷　　新华书店经销
字数157千字　　880毫米×1230毫米　1/32　　8印张
2018年8月第1版　　2018年8月第1次印刷
ISBN：978-7-5596-2310-2
定价：42.00元

推荐序

"我是销售员，我想把产品卖给您。"

如果有什么令马丁与众不同的话，那一定是他的坚持。我们是一个正宗的鲁尔区①家庭，日子过得不错，但却从未想到过"富有"这个概念。马丁和我们不一样，他从小就确信，自己一定能成为百万富翁，一定可以开上保时捷，即便他当时还不知道该从何做起。马丁儿时就对尝试新鲜事物有一种令人难以置信的渴望，然而这在学校里却并不吃香。学校那一套，对他来说还是挺难应付的。马丁在学生中绝对算不上是榜样，可我们真的不知道还有谁像他那么爱学习。他总是参加各类课程，对新知识和新体验的好奇心似乎无穷无尽，特别是当这些与销售和新媒体有关的时候。另外对于神经语言程序学和精神体验，马丁的好奇心也同样不减。他的汽车就是一个"移动图书馆"。那个曾经堆满磁带和空易拉罐的地方，如今却放了大量涵盖各类主题的有声书。

---

① 鲁尔区（Ruhrgebiet）位于德国北莱茵－威斯特法伦州（Nordrhein-Westfalen）境内，是典型的传统工业地域，有"德国工业的心脏"之称。——译者注

毕业后，让他成为百万富翁的那份工作对他来说已经是板上钉钉了。他想成为销售员，而不是去干别的。当然，我们也曾好心地建议他去其他领域试试水，因为在销售工作中，拒绝总会一个接一个地到来，但马丁并没有动摇。现在看来，这是他取得成功的决定性因素。即便有时一切并不是那么顺利，他也从未放弃，而是不断地尝试。最终，他在复印机行业拿到了作为销售员的第一张聘书。在当时，这个产业中蕴藏着巨大的商机，但同时市场中的竞争也异常激烈。我们很清楚，如果我们的孩子学会了如何销售复印机，他往后便可以销售一切产品，而之后的故事也证实了的确如此。

如果要用三个词来描述他的话，我们会选择：专注、坚定、以目标为导向。马丁在少年时期便展现出了这些特质。他十几岁的时候曾下决心去美国生活一年，决定作出后，他便从未考虑放弃。马丁一次又一次地试图说服我们、他的祖母以及当时的老师，他不知疲倦地找我们谈话，直到达成目标为止。毫无疑问，他的身上有一种伟大销售员特有的气质。从那时起，"完成目标"对他而言就是件十分重要的事了。

过去的二十五年中，我们通过马丁认识了很多演讲者、培训师和顾问。但是，将自己讲过的东西在生活中付诸实践，这一点没有谁能做得像马丁一样好。不仅在客户和生意伙伴面前，马丁始终会耐心地倾听一切，对待朋友，他亦是如此。他记着每个人的生日，不疏忽与任何人的联系，而准时对他来说也是理所当然的。

马丁永远都可以相信我们，无论发生什么，我们都会全力支持他，尤其是当事情进展不顺利、阻力特别大的时候。马丁喜欢坦率地、毫不掩饰地说出自己内心的想法，因此，人们对他的看法也构成了两个极端。他的坦率对我们而言当然不足为奇，但总会有一些人对此颇有微词。诚实是美德，而很多人却不知道如何面对诚实。尽管马丁在很多层面上都已经提升了自己，但"硬式推销员"的名声，他至今都挥之不去。他直接的甚至有时显得激进的行为，常常导致他被强行归入一个与实情完全不符的类别中。他明显突出的下巴，以及一些放肆的话语，很快就会让别人对他做出错误的论断，就如同儿时在露天营地上，马丁总是第一个被恶作剧捉弄。

在我们看来，"刀子嘴，豆腐心"这个描述更符合他的性格。因为马丁不像很多人认为的那样，仅仅是一位冷酷的商人。在我们的交际圈中，还没发现谁能像我们一样，和自己的孩子保持如此良好的、互相尊重的关系。仅仅是他邀请我们为书代写序言这件事就足以说明，我们一家人是多么紧密地团结在一起。这件事对我们来说是一个绝对的惊喜。这个无与伦比的好点子，令我们非常感动。尽管马丁一直在世界各国的道路上不停奔波，他却总能找出时间来看望我们，并和我们共度那些传统节日。当其他孩子正努力和父母保持尽可能大的距离时，马丁却做了相反的事：他很多年前就在我们住所旁的湖边拥有了一套度假屋。这种亲密友善的关系，让我们在生活的很多方面都更加充实和富有，对此我们真的是感激不尽。比如，马丁总是走在技术的最前沿，他目前新开的在线学院就是个好例子。正是得益于他的热情和孜孜不倦，我们才会在这个年纪还在 Face book 上注册，并给彼此发送视频。

2005 年，马丁出版了第一本书。如果现在我们回首往昔，会看到马丁无论作为一名作者、销售员、商人，还是一个普通的个人，在过去的十年中都取得了不可思议的进步。在此期间，他甚至在美国出版了两本书，这可是他多年来的梦想，如今终于实现了。他在生命中取得的成就是梦幻般的。我们赞叹马丁的意志，即他那种渴望在自己从事的领域中能前进一步，然后再前进一步的心态。马丁为自己制定了属于他个人的规则，这在我们那一代是不可能做到的，所以我们更加为他感到骄傲。有些准则，比如诚实、准时和尊重，我们在孩童时期便教给了他。现在您手中已经拥有了马丁的 111 条准则。在此，我们祝您在阅读这本书的时候能获得更多的快乐。

格里·林贝克（Geli Limbeck）
阿洛伊斯·林贝克（Alois Limbeck）

目 录

第一章　对于销售员来说，销售就是生命

第二章　销售的第一要诀——正确的态度

第三章　你就是你自己的品牌设计师

第四章　销售的成败在于你与客户的关系

第五章　客户交流的原则：直言不讳、亲切有礼

第八章　售后服务和售前服务同样重要

第九章　通向销售精英之路

第一章

对于销售员来说，销售就是生命

1. 销售是为客户提供服务的艺术

下面这些您应该不陌生吧？露齿的微笑、卡地亚香水、至少价值 600 欧的博斯西服、桥牌公文包、意大利皮鞋……这一系列得体的搭配让销售员显得风度翩翩，可他算得上真正的销售员吗？

毫无疑问，搭配协调的装束和友善迷人的谈吐，绝对可以为销售员在客户面前加分。除此之外，完美地掌握新客户问询、客户需求评估、产品展示、异议处理、成交和售后服务等方面的技能，同样能为销售员加分。

这些因素听起来都很棒，也都非常重要，这一点毋庸置疑。然而，销售员如果无法专注于自己工作的最终目标——销售的话，这一切都没有任何意义。优秀的销售员之所以优秀，是因为他们永远不会在交谈时忘记自己为什么要给客户打电话，为什么要驱车几百公里去拜访客户，为什么会坐在客户的办公室里，为什么要写那些详尽的产品介绍。答案就是，他们想要把东西卖出去。

着装、谈吐、推销及交流技巧仅仅是实现计划的必要前提，或者说是达到目的的手段而已。那销售的目的又是什么呢？是的，就是即刻达成交易，抓住一切机会，不是以后，而是现在！因为只有达成交易才能为公司带来销售额，并为销售员带来佣金。

顺便补充一点：对金钱的正确认识亦是销售的一部分。请您想象一个场景，销售员正坐下来和客户谈话，但客户说什么，他并没有真正听进去，因为他正在琢磨自己的销售提成。接下来会发生什么？他的双眼中浮现出金钱的标志，这一切全被客户看得清清楚楚。客户看到眼里散发金钱光芒的销售员后，就会用那句"我回头联系您"来道别了。这位销售员的结局可想而知：客户一定会尽快远离他，并坚决地回绝他今后所有的联系请求。

对销售这行来说，"贪婪"是您能想到的最差劲的导师，因为成功的销售绝不等同于丰厚的佣金结算。出色的销售员一定会谨记这一点：销售时不要惦记着钱。因为完成交易是获得佣金的前提，佣金仅仅是成功交易的后续。想象一下，当一名足球前锋只身一人冲向对手的球门，最后只需攻破对方门将的十指关时，他会在射门的瞬间去思考向他招手的奖金吗？一定不会！他只会想着获胜，想着把球射进球门。

坚持不懈地寻求交易的达成，绝不会将您带上"宰客"这条路。这种坚持并不意味着欺骗客户。恰恰相反，基于规范可靠的客户需求分析，销售员为客户提供了契合其个体需求的理想产品。这一切对交易双方来说都再好不过了：客户得到了针对自己问题的最佳答案，而销售员则依靠卓越的表现完成了交易，这个交易让他觉得自己为客户做了一件好事，并因此获得了合适的佣金。

优秀销售员的五星公式：销售＝寻找目标客户＋寻求交易达

成 + 打动客户 + 销售佣金。

2. 销售是一份高尚的职业

"您好，我是销售员，我想把产品卖给您。"

您一定会说，这不是明摆着的事儿吗？一个众所周知的事实而已，就像苹果手机的视网膜显示屏那样清晰。您不以为然地耸耸肩。关于这个有什么可说的？您已经想翻页了？

事实上，关于这一点，有很多话要说！首先，这个"众所周知的事实"只能从极少数销售员的嘴里听到。对其他销售员来说，开篇那句话几乎等同于言语攻击，就像是突然给了客户后脑勺一下子。所以，他们羞于将这句话洒脱地、充满自信地说出来。他们支支吾吾，为自己找托词，只为了避免说出这句其实客户心知肚明的话。

哪些表达可以经常用来兜圈子呢？当然有一些辞藻华丽，但内容空洞的开场白，如"我想为您提供关于……的意见""我想为您提供……信息"或者"我只想向您简要地介绍一下我们的产品"，还有就是如"经销代表""大客户经理""营销总监""客户顾问"等用来替代"销售员"的职业称呼。真是令人难以置信，一些销售员，以及他们的领导、他们的公司，竟然展现出了如此惊人的创新才能和语言功底，仅仅是为了不惜一切代价避免说出那句实话。为什么他们不能把这份心思用到以客户为中心的准备工作和专业的销售谈判上呢。

如果谈判以这种空洞的话开始，客户会怎么想呢？作为谈判中最重要的人、一切销售行为的目标，客户脑海里首先会出现这个念头："真少见啊，销售员居然不想卖东西。"最好的结果是，为了能对"客户顾问"的产品有个大致的印象，客户会带走那本所谓的"信息事件指南"，然而双方却未能建立任何实质性联系。差一点的话，客户会说一句："我看看吧。"然后在"顾问"的竞争对手那里下订单。最惨的情况是，客户会立刻甩开"顾问"，无论是在电话里还是在面对面的谈话中。

即使这听起来有些荒唐，但对这样的"客户顾问"来说，最好的经历就是能遇到一位客户，然后客户直截了当地告诉他自己对他的看法：你不正直、不真实，缺少可信度，自己作为客户，无法认真对待这样一位销售员。

当今的销售行业中缺少那些真实的、有棱角的家伙，那些敢于承担职业责任，并骄傲地扮演自己职业角色的家伙。这样的人敢于和客户平起平坐，即使面对大企业的"大佬"，也不会低三下四，而是展现出自己的坚定，并目标明确地寻求达成交易的方式，同时又不会把自己的客户以及彼此间的友好关系抛在脑后。他们会不皱一下眉头，就用自己坚定的声音，以及自己内心深处坚定的信念说出那句话："我是销售员，希望把我们的产品卖给您。"

说到底，销售是他们的职业。他们以此来挣钱，来养家糊口。

但除此之外，销售亦是他们的使命，因为这份工作意味着用自己的热爱和奉献去寻求交易。这样的销售员，客户一定会充满敬意地对待，因为客户会把他当成真诚的、公平的生意伙伴，一个和自己一样，想出色完成本职工作的伙伴。

3. 没有人生下来就是销售员

有句俗话不知您听过没有：销售员都是天生的，您要么能做，要么注定不能。

如果您还不确定要不要相信这句"至理名言"，那么最迟现在，您就可以把它扫进垃圾堆了。下面这句话也许能更清楚地、避免误解地把重点表达出来：只有带着销售基因来到这个世界上，才能出色地完成销售任务，并靠销售这个职业谋生——纯属胡说八道。

毫无疑问，销售工作并没有变得越来越简单。互联网让市场更加透明化，在客户端，各种产品和服务可以更加便捷地被拿来比较。客户的买方势力提升了，他们变得更加严格，希望接受迎合个人愿望和需求的单独问询，并为自己的问题寻找能够迅速生效的答案。他们对仿制品没有兴趣，而是要求获得为自己量身定制的服务。

销售不是与生俱来的才能，销售是可以训练的，同时也是可以被好好准备的：恰当的客户问询、有品位的装束、针对每位客户量身定制的销售信息材料、客户需求分析、产品介绍、异议处理、议价及成交技巧、售后服务，等等。这些便是销售员的基本装备，就如同一套称手的工具。

普通销售员和优秀销售员的一个重要区别是：前者做销售，因为他们学了这一行；后者做销售，因为他们不仅学了这一行，而且渴望做这一行。

渴望销售，意味着让自己去面对严格的客户，以及最残酷的竞争所带来的挑战，并在挑战的过程中得出必要的结论，尤其和自己的工作态度相关的结论。

渴望销售意味着，用自己的热爱和奉献去工作，并非将客户视作销售额的源泉，而是真诚的合作伙伴，在客户咨询时不会把交易的念头放在一边，而是鼓励客户作出最终购买的决定，每时每刻都准备着达成交易。

渴望销售意味着，每天都会研习销售技能，在经历挫折之后依旧可以鼓励自己，从登场时的自信力、措辞表达的技能，以及个人光芒等各个方面，不断充实、拓展自己，并为让自己变得更优秀而不断寻找业界的标准和榜样。

渴望销售意味着，不断为自己寻找新的目标，永不停滞，就如奥利弗·卡恩①说过的那句话："向前，永远向前。"问题不是您需不需要改变，而是您改变得够不够快。

①　奥利弗·卡恩（Oliver Kahn，1969— ），著名足球运动员，曾多年担任德国国家队主力门将。

4. 优秀的销售员注重长期合作

钞票、金银、款子、囊中物……这些仅仅是"钱"在口语中的几个同义词而已[①]。在德语中，很少有别的词和"钱"一样有这么多意义相近的概念。钱，世间一切都围着它转，我们销售员的世界也是如此。没钱就没一切，没销售额就没佣金。

您想一下子就赚得盆满钵满吗？那我提个建议吧：一次性销售，就是用咄咄逼人的销售方式，极力推销那些客户根本不需要的产品，打客户一个措手不及。为什么要在乎客户的愿望和需求呢？客户会觉得被糊弄了？那又怎样？我才不会在乎这些呢。

那些把客户当成蠢牛，并在销售的时候便已经坐在板凳上准备"挤奶"的销售员，一定会首先惦记自己的佣金，之后是他的公司，因为如果不能给公司带来销售额和收益，自己就没有佣金可拿。再之后，如果他的要务清单里还剩一点儿地方的话，他可能会在某些"状态不错"的日子里考虑一下客户和客户的需求，不过只有在不影响清单里其他"优先事项"的前提下。

只有在佣金合适的时候，这些被贴着"老式硬销售"的"一次性"推销员才会对他们的公司忠诚。对客户呢？因为他们总是

[①] 德语原文中出现了 Moneten、Knete、Pinkepinke、Zaster、Kies、Mäuse、Kröten、Kohle 等词，均为"钱"（Geld）的口语表达。

糊弄客户，并且和雇佣兵一样钟爱"焦土战术"，所以客户在他们眼里真的无所谓。对客户忠诚？这在他们看来就是烦人且多余的柔情主义。

那些对销售额很贪婪的人，那些被贪婪所驱使，只期待自己，却不期待客户和公司获得最佳结果的人，最终会被金钱牢牢束缚住。对金钱的贪婪会让他们与客户的关系破裂，让他们失去别人的信任，最终摧毁他们的自尊，而自尊是每个优秀销售员都需要的。

为了获得销售额而在客户面前满嘴抹蜜的销售员，实际上出卖了自己。他们不是将自己出卖给客户或公司，而是卖给了佣金。他们在客户，销售团队的同事、领导，曾给予自己信任的公司面前，甚至在自己本人面前，都无法获得足够的尊重。谁如果把市场当成可以滥砍滥伐的丛林，那他心里必须要清楚，到最后自己肯定是没有好果子吃的。

优秀的销售员不会这样做，因为他们不需要这样做。他们注重可持续发展，注重与客户的长期合作，以及给予和得到之间的平衡关系。他们在销售过程中诚实、正直、不拐弯抹角。他们的思考重心是客户的需求和需要。他们的目标是让客户和自己都能以胜利者的姿态出现在交易中，也就是达成既能让客户获得最佳方案，又能巩固与客户的持久关系的交易。从长远的角度来看，这样的姿态将会保证销售员得到数倍的佣金，这远远强于硬塞给客户一次交易，一次带来了一笔短期佣金，却败坏销售员长期名声的交易。

有付出，就会得到回报。只有索取，没有付出，永远也不可能成功。

5. 让你的客户开心，你的佣金就少不了

毋庸置疑，金钱是个神奇的东西，它真的很可爱，且魅力无穷。没有哪个从事销售的人会认为金钱肮脏，并为获得金钱而感到羞耻。如果有的话，那他一定会像假币一样在销售界惶恐地流窜。（请原谅这个无聊的文字游戏，但它用在这里真的很贴切……）

优秀的销售员也期待能依靠自己的工作过上富足的生活。每一个决定在销售行业里以佣金为基准工作的人，都想赚到很多钱，难道不是吗？

钱是交易媒介。您拥有得多，便可以通过交易得到更多。同样道理：您的客户拥有得多，您也可以通过交易得到更多。

您是不是感觉像是在看彼得·罗斯蒂^①的儿童科普节目？不是的，要点马上就来了：那些在销售时眼中放出金钱光芒的人，永远也不可能成为优秀的、卓有成效的销售员，因为那些胜任自己工作的销售员，是不会用工资单上小数点前数字的位数来衡量其

---

① 彼得·罗斯蒂（Peter Lustig，1937—2016），德国电视制作人和童书作家，曾参与制作儿童科普类节目《蒲公英》等。

工作成果的。

随着工作时间的增加，成功的销售员会把与自己那杯"羹"有关的一切都看得越来越淡。他们并不专注于销售提成，即使他们的生计与此相关。那他们专注于什么呢？难道成功的销售员不会密切关注与公司之间关于佣金份额的谈判吗？是的，他们也会这么做。顶级销售员清楚自己对于公司的价值，所以作为谈判一方，他们这时同样会展现出自己的性格：真诚、直接、自信。

但是，当他们和客户坐在一起的时候，提成份额就完全不重要了。顶级销售员成绩显著，就是因为他们在销售的时候不惦记钱，而是专注于为客户提供最好的产品——那些独特的、为客户量身定做的、满足客户愿望和需求的产品。他们不需要在价格上让步，不需要在客户面前卑躬屈膝，他们和客户平起平坐，他们不欺骗客户，不要手段，也不会作出无法兑现的承诺。

长效的客户关系就是这么形成的，信任也是由此产生的。客户的信任非常有价值，它的价值会以补充购买、后续订单、追加销售、交叉销售等各种形式展现出来。之后，获得佣金就是水到渠成的事了。

不要在达成交易后马上把计算器掏出来算自己的提成，不要犯这个错误。此时您应该为刚才能让客户开心而感到欣慰，并专注于下一次销售谈判。这样的话，您的工资单会报答您的。

6. 坚持与渴望是一切销售的源泉

当您为了得到一份新工作而参加面试谈话的时候，您其实正在销售自己：您的技术、专业经验、个人能力、社会技能以及最重要的一点——您的性格。如果您够棒，您会说服面试方接受您的提议，因为您能成功地向对方展示接受您的理由，即为什么您就是那个，最好是唯一的那个适合这份工作的人。

在第二天开车回家之前，您决定晚上再去旅馆的酒吧喝上一杯睡前酒。在酒吧里，您突然看到一位撩人的金发女郎，或是一位充满魅力的小伙子，脸上带着毫无防备的笑容。接下来会发生什么呢？社交推销。您迅速开启推销模式，因为您想在此时用您的"库存"来打动对方——您的魅力、品味、幽默，抑或是您的外表，以及其他一切您极力展现的优势，目的只有一个，那就是让对方相信，如果她或者他愿意与您对酒当歌的话，今晚的美好指数一定会上升。

以上两个例子可以证明，生活中的一切，归根结底都是销售。如果您渴望销售，无论何时何地，您都可以销售。达成交易永远没有错误的时间，正确的交易时间永远都是不变的：每时每刻。顶级销售员会不断地寻找那些问询和销售的机会，因为这种机会每天都会有很多：

*如果一次会面提前结束，甚至以令人气愤的方式被取消，那您可以利用这个机会尝试直接接触一位周边的潜在客户，或者利用这个意料之外的空隙来电话约定其他一系列会面日期，而不是先奖励自己喝杯咖啡休息一下；

*如果您在进修机构，抓住机会问问其他上课的学员，或者您的培训师，他们购买哪些理财产品，用哪家电信公司的服务，在哪里定制西服，等等；

*或者问问您的邻居，他在哪家公司为自己的汽车投保。

很多销售员并不会利用这些机会，因为他们害怕听到客户说"不"。然而这种异议是问询和销售谈话的必然组成部分，就像锅和锅盖的关系，因为"不"仅仅意味着客户还需要一个新的激励。客户既然愿意抽出时间来与您交谈，就已经清晰地表明了："我对此感兴趣。"问题不是能不能达成交易，而是在什么时间，以何种方式交易。这时就要考验您的决心和坚持了，以及您的专业技能，包括产品展示、异议处理、价格谈判和成交技巧。

在您作为销售员的生活中，几乎没有不能进行问询和销售的时候。即使是在应付投诉谈话时，上面提到的机会依然存在，因为客户的投诉意味着什么呢？其实就是："我依然喜欢你们，只是请帮帮我吧。"

您现在就可以销售，也可以在其他任何时间、任何地点进行销售。现如今，更多的交易其实是被错过而不是被达成。归根结底，销售是一个观念问题，并与您的心态相关：您渴望销售吗？您付出行动了吗？

普通的销售员会对自己说："先看看吧，事情会发展成什么样。"差劲的销售员会可怜地祈求："希望一切能顺利。"那些投错了行的销售员，当然也会从错误的观点出发："这事儿反正也成不了。"顶级销售员则会拥有坚定的信念："我渴望销售。"

7. 没有"梦想清单"，就没有梦想

您会时不时设想一下如何与那些看似不可能得到的客户达成交易。那些能给您长时间带来后续订单和追加采购订单的交易，那些让您声誉卓著、名扬在外，让众多企业主动向您抛出橄榄枝的交易，那些让同事惊奇、让领导赏识，并必然会让一系列丰厚的金额出现在您账户清单上的交易，您设想过吗？

"梦想清单"里列出的，是一系列看似完全不可能去问询的潜在客户，以及那些重要的大企业，那些您作为销售员，好像只能在梦里才能成功加进自己客户列表的企业。无论您在哪个领域工作，如果你列出了这份"梦想清单"，那您就已经校准了自己心中那个指向成功的罗盘。只有在这之后，您才能利用这个罗盘来判定前进的方向。

不要在面对那些"梦想企业"的时候过分看低自己，如果您

眼中没有雄心勃勃的目标，那您已经在自己的梦想面前投降了。只有平凡目标的人，注定只会有普通的动力，并且无法充分发挥自己的潜力。您如果不探测一下自己的极限，也同样不会知道自己的极限在哪儿，不是吗？

例如，您的目标可以是那些世界上最重要的品牌：谷歌、苹果、IBM①、微软、可口可乐，或是德国最大的七家银行，或是欧洲最大的三个城市的市政机构，或是所有被纳入MDAX②股票指数的上市企业，或是欧洲最大的几家汽车生产商，或者……借口是不需要的，每个行业中都有一些"巨头"，即每个销售员梦想中的目标。那么，哪些"巨头"又是您的目标呢？

拥有梦想，并坚信终有一天您也能捕获一个这样的"巨头"，然后便会捕获下一个。精诚所至，金石为开。

生成您的"梦想清单"，让您的梦想变成现实！

8. 维系客户关系，比挽回客户要容易

调查显示，销售员首先要同以下几项挑战抗争，难度从高到低排列：

---

① 国际商业机器公司。
② 德国公司股票指数之一，MDAX 包括法兰克福交易所高级标准市场上的 50 家企业。

* 获得新客户；

* 在已有客户身上扩大营业额；

* 改善投诉管理体系，并将投诉处理专业化；

* 对来自竞争对手的价格战以更低的报价予以还击；

* 重新赢回流失的客户。

同让老客户满意相比，赢回流失的客户，需要多花费三倍的力气。这虽然不是真正意义上的客观"知识"，但健全的销售理智会告诉您这一点的，不是吗？但新的问题来了：如果赢回流失客户的费力指数是 3，那么赢得新客户的费力指数则是 7，赢得新客户需要花费的力气，与前者相比又要大多了。

赢回流失的（忠实）客户，的确显得要简单一些，因为与获得新客户相比，前者需要耗费的时间和花销更少。换句话说，重新赢回老客户，是销售额增长的主要保证之一。

"既然如此，那我应该在自己的优先级清单里，把赢得新客户这一项往后移，因为反正已经有足够多的老客户离开了我，我不如专注于重新赢回他们。"如果您得出以上的结论，那这个结论真是糟糕透了。这就好比一位足球队教练员，在中场休息的时候说，球队落后是因为队员错失了一些绝佳的得分机会，所以他们应该回到上半场 45 分钟，从那时重新开始，然后把那些已经错失的机会转化成进球。

您也同样不能让事件反转。所以应该问的问题是，为什么我没有抓住机会？为什么我的客户弃我而去？答案当然是，因为您的表现不够出色，或者您的竞争对手为客户提供了更有吸引力的报价。

现在轮到一个花费指数是 0 的事件登场了：不要让事情发展到这一步，不要让老客户、忠诚的客户离您而去，或者说转投到您的竞争对手门下。如果做到这一点，您不用为重新赢得老客户花费任何时间和资源。您需要做的只是留在老客户身旁，并用心体会他们是如何被您和您的提议感动的。被感动的客户会成为您的粉丝，粉丝是忠诚的，是不会轻易改弦更张的。即使合作期间有一件什么事没有 100% 成功，您依旧拥有他们对您的忠诚。想要得到什么，就先给予什么。您如果给予了客户忠诚，那必然也会收获客户对您的忠诚。

如果这样，那么来自竞争对手那些看似更实惠的价格，绝对不会让您的客户产生想法。用您的忠诚和顶级的售后服务来抵消这类压价的影响，简直是绰绰有余。当然，只有在您可以为客户提供全方位的、让他们无忧无虑的服务时才行。价格只是众多考虑因素中的一个。如果您的客户感觉被冷落了，并对您本人或是您提供的产品和服务再没什么好感了，那价格就会成为唯一的话题。这样的话，一旦您的竞争对手提供了更低的价格，您一定会失去自己的客户。

这一切听起来需要耗费大量的工作。可是，预防总是比事后弥补要划算。维系客户关系，比挽回客户更容易，难道不是吗？

第二章

销售的第一要诀——正确的态度

9. "态度"让销售员拿到 100 分

"attitude"是"态度"和"看法"的英文单词，同时也是一个充满魔力的单词。请计算一下"attitude"中每个字母在字母表中的排位加起来是多少：

A=1 T=20 T=20 I=9 T=20 U=21 D=4 E=5

对，就是 100。

一个顶级销售员的"attitude"，即他的态度和看法，在每个环节中永远都是 100 分。比如随时都 100% 准备好为客户、为公司，以及为自己而投入工作，100% 以客户为中心，100% 认同自己的产品，100% 认同自己的公司，100% 认同自己的职业……这份清单中还可以继续列出很多内容，最终所有的一切都归为一点：顶级销售员为自己的客户、公司和本人开足马力工作。

100% 准备好为客户工作，或者说 100% 以客户为中心，并不意味着依靠直觉来判断客户的需求，也不意味着无论客户在订单中强加了哪些条件，您都需要满嘴道谢，并弯着腰，倒退着走出他的办公室。只有软弱的销售员才会怀着失去订单的恐惧和客户打交道。这和"态度"毫无关系，因为态度不仅意味着要有承受力，也意味着要展现自己的骨气，即使在困难的谈判中。

所以强大的销售员会把自己与客户的关系看成是平等的，即基于彼此尊重的伙伴关系，这种伙伴关系远远超越了交易本身，并会长时间存在。当然，为了发现客户的需要、要求和购买动机，设身处地为客户考虑，也属于这个伙伴关系中的一部分。站在客户的角度想一想：我的客户需要什么？什么对他来说是重要的？他希望被如何对待？

但这并不是说，在为客户考虑的同时放弃自己的立场。顶级销售员擅长这类走钢丝般的游戏：他们倾听客户，提出正确的问题，他们在展示产品的同时会考虑到客户的需求，在客户提出异议时，他们运用自己的知识和经验，巧妙地化解客户的"论据"；在议价时，他们将客户的目光转移到客户可以获得的益处上，让价格显得无关紧要。这样，交易的达成就是必然选项了。

一位拥有如此性格和社交能力的销售员，一定可以赢得客户的尊重——对他的投入、专业技能以及业绩的尊重。作为一位拥有自己态度和看法的销售员，他配得上这份尊重，因为他会清楚地告诉客户，什么可以，什么不可以。

顶级销售员的座右铭：我的客户就是国王，只要他也同样把我当成国王对待。

10. 消除"你打扰到别人"的顾虑

这个场景您一定很熟悉吧，销售员给客户打电话，开场白："尊敬的客户您好，您现在有几分钟时间吗，还是我打扰到您了？"

1，2，3……您还在电话那头默数着，期待着高潮的到来吗？那您可得多等等了，因为这句开场白就是"高潮"。您觉得这个玩笑挺没意思的？好吧，真相是，这样的开场白已经为接下来的谈话贴上了"无助"和"卑躬屈膝"的标签。

销售员用这样的开场白，将自己从约见客户的竞争中一脚踢了出去。如果客户接了您的电话，那他必然是有时间的，否则他还会去接电话吗？如果您在拨号的时候就没有自信，并预想着"不会有什么结果……客户不会有兴趣的……"，那您就可以做好预想成真的心理准备了。这类现象常被称作是"自我实现预言"（self - fulfilling prophecy）：如果您预想着一件事会失败，那它真的会以失败告终。

在打电话之前，您需要将自己调试到成功模式中：通过通话前的准备工作，您会为客户提供他的确需要并期待的建议。您将为客户证明，自己是一位专业的销售员，也是一位能干的合作伙伴，您的方案值得客户花时间来听。然后您在交谈中也要表现得如此：始终坚信自己能为客户提供有吸引力的，能满足客户要求和需要的产品。简而言之，要对自己充满信心！

众所周知，和面谈相比，客户在电话中更容易拒绝销售员。所以，在约定见面日期之前，您应该在电话中清楚地表明，客户能获得哪些益处，然后您就能将那些充满说服力的、无法抗拒的、令人感兴趣的购买理由介绍给客户，并乐在其中了。您会感受到客户的态度是如何从怀疑，嗯，或者说是拒绝，首先转到"也许……"，最后变成"我对此很有兴趣"的。

当然，您也会不断经历那些毫不掩饰的拒绝和令人抓狂的否定。这些其实就是硬币的另一面，如同阴和阳的关系，就像一张正反论据列表，就像星球大战中的阿纳金·天行者（Annakin Skywalker）和达斯·维德（Darth Vader）一样，谁提到了 A，那也必须同时提到 B。那这里的"B 元素"又是什么呢？

"B 元素"就是，永远不要把客户的拒绝、不感兴趣以及否定答复都看作是冲着自己来的。如果您是第一次给客户致电的话，那您的谈话对象并不认识您。请把每一个明确说出的"不"都看成是积极的，因为这会为您节省下无意义争斗的时间，让您能更快面对下一位客户——那位真正对您的推荐感兴趣的客户。向说"不"的客户道谢，并开始拨打下一个号码吧。

"宁可冲上 30 分钟的冷水澡，也不要花 30 分钟为陌生客户做电话营销。"——谁如果这么想，那他已经输了。想想那些卓有成效的陌生电话问询，以及那些成功约上的面谈日期吧。一件事能做成一次，就能再次成功。您已经通过从不间断的电话问询赢得一些新联络了，那就继续坚持下去吧。

11. 要想签单，先去喜欢你的客户

哪件衣服让您外表光鲜，您就会穿哪件。如果您情绪糟糕，那您不能指望客户给您讲笑话，只为能逗您一笑，赶走您的坏心情。如果您对客户进行讽刺性的评价，只因为您把他看成是一个蠢货，那您也不该抱怨他向公司告您的状，即使您还能为他提供令人无法抗拒的产品和报价。如果客户在您眼中是个没本事的窝囊废，那么即便您宣称您的客户特别和蔼可亲，这个谎言也只能维持很短的时间。

为了能长时间在职场中有所作为，顶级销售员心中会牢记一条重要的原则，即人必须要喜欢别人。

您每天都会面对拥有各自背景和身份的不尽相同的人物。您最重要的任务是，为了自己和公司以及为了您能提供的方案、产品和服务，来努力赢得客户。要想完成这个任务，您需要在内心深处信任对方，并对对方抱有好感，而不是演戏。这是您工作的一部分，只有您心情愉快的时候，您才能把对客户的信任和好感展现出来。心情愉快的人，是不会有负面情绪的，是不会在与客户打招呼的时候板着脸，流露出不满的。心情愉快的人，是可以坦然面对客户的傲慢和自满的。

当然，不是所有的客户都一样好亲近，但您的任务并不是把那些不怎么友善的客户"教育"得更好一些，而是和客户共同完

成优质的交易。不为别的，仅为达成交易这一点，您便需要给予客户尊重和认可。

在每一次与客户联络前，无论是通过信件、电话还是会面，请首先拿出积极的心态来面对客户，并专注于客户身上让您喜欢的那些元素以及客户的优点：他的阿玛尼西服、他提供的清晰明确的信息、充满格调的办公室、嗓音中那一丝让人感到舒适的低沉、好闻的香水、有力的握手……实在有太多的因素可以给您契机，让您从一个比较难办的客户身上也能寻找到一些闪光点。没有这样的心态，您的销售注定不会有什么成果，这一点就像默大妈的菱形手势①一样确定无疑。

如果您不能成功地发现客户身上的优点和良好的品格，您有可能得不到客户对您的尊重，同时也有失去客户的风险。如果您即使心怀对客户的厌恶，却仍为了交易而卑躬屈膝，那到最后您的内心也会承受不住，因为这时您眼里只剩下佣金了。如果一个销售员自己都受不了自己，那他绝不会认为自己是个有亲和力的人，最终他展现出的形象也只能如此。再换位思考一下：如果客户觉得销售员没有亲和力，那谈话就要结束了。

最后把一切总结成八个字吧：您爱客户，客户爱您。

---

① 此处作者是指德国总理安格拉·默克尔（Angela Merkel），她几乎每次照相时都会将双手指尖相对，搭出菱形图案。该图案在网络中常被称作是"默克尔菱形"。

12. 找到"出路"，您就入门了

这里并没有写错哪个词。"RAUSS"① 意味着：随时准备应对风险（Risikobereit）、强大的动力（Antriebsstärk）、令人信服（Ueberzeugend）、自律（Selbstdiszipliniert）以及自信（Selbstbewusst）。对于顶级销售员而言，这五点特质是能够从容应对棘手任务（比如处理客户投诉）的前提，也让他们在面对打击时（比如面对被取消的订单时）不至于迷失方向，垂头丧气。他们懂得积极思考，他们的态度和想法都是积极的。他们会：

* 接受自己，以及自己所有的优点和缺点；

* 对小的成果也感到欣喜，并享受其中；

* 拥有健康的自信，因为他们了解自己的能力，所以能恰当地应对批评；

* 愿意得到表扬和赞赏，因为他们会因此而欢喜；

* 如果需要的话，坚持贯彻自己的想法；

* 始终尝试在错综复杂的情境中选择最好的出路；

* 依靠自己积极的心态，看到生活和贸易的意义。

---

① "RAUSS" 并非德语单词，但与 "raus" 的词形相似，raus 有 "出去" 的含义。此处作者玩了一个文字游戏。

听起来都挺不错，不是吗？您是不是觉得，猪都可以飞上天，只要它们想？稍等一下，请先往下读：积极的心态和想法并不意味着把所有的一切都看得很美好，因为这已经脱离了现实。生活中有足够多令人不舒服的、丑恶的、不公平的事情，把它们简单地屏蔽掉是天真的做法。谁如果把坏事说成好事，仅仅为了不去面对它，那他已经在逃避现实了。这是一个销售员无法承受的。

但消极的想法同样会撕裂现实，因为它会诱使您在销售谈话或交易时，仅仅专注于情境中烦人的、困难的、严峻的一面。这会导致您目光短浅，以及不可避免地、错误地将事物普遍化看待。您会把一个情境看作是上帝决定的如混凝土般坚固并无法改变的，而不是问自己如何来改变或者改善目前的情形。您会感受到愤怒、恐惧和压力，而这会导致紧张的出现，即恶性紧张（Disstress），这种紧张如果长期存在，会让您的身心完全崩溃。对于高效销售来说，这可绝不是什么有利的条件，没错吧？

相反，良性的紧张（Eustress）是一种积极的紧张。良性紧张的状态可以激励您接受并面对挑战，让您肾上腺素升高并做出卓越的成绩。这一切都取决于您是如何面对压力，以及如何对待艰难的、让人不快的情形，或者当您面对那个经典的"半杯水"实验时，您是会看到缺少的那半杯，还是拥有的那半杯。

顶级销售员一定会先看到，杯子里盛着水，目前的情况其实已经不错了，但他们同时也会意识到，杯子还有空间，并把"将杯子装满"看成是赋予自己的挑战。他们总会同时看到硬币的两面，明白事物总不会只有积极或者消极的方面。顶级销售者不会盲目美化一件事，但也不会只看到其中的阻碍。他们知道，他们必须为自己和客户找出当前状况下最好的出路。他们看到机会，但也不会否认困难的存在。和软弱的销售员不同的是，他们马上就会问自己：我如何才能克服这些困难？

老实想想，您上一次问自己这个问题，是什么时候的事了？

13. "操纵"意味着说服

操纵？这个词实在是太恶心了！在销售禁语的清单里，"操纵"这个词肯定会高居榜首。很少会有一个词像"操纵"那样被赋予如此消极的含义，并在如此多的场合被躲开、被屏蔽、被矫揉造作地委婉表达。

此时此刻，请变得现实一些吧："操纵"其实是一个观察视角的问题。所有我们的语言和文化赋予这个词语的消极含义，都会阻碍我们来按照"操纵"的真正意义来理解它。下面这些词常被看作是"操纵"的同义概念和表达：影响、引发、感召、支持、使铭记……

您还不相信吗？"使……相信"其实也是一个和"操纵"意义非常相近的词。我们每个人每一天都会被施加各种影响。想想那些日复一日强加给您的广告吧。研究显示，我们每天都会被上千条广告信息"轰炸"。那这些广告又有什么目的呢？目的就是，让我们相信，他们的产品是最适合我们的那一款。难道这不是"操纵"吗？

每时每刻，无论在工作中还是在私生活中，我们自己也会影响到其他人。如果您的孩子不想吃蔬菜了，而是起身去拿配了番茄沙司的意面，您会怎么做呢？您一定想让孩子相信：花椰菜会比番茄意面好吃很多。您其实每天也在操纵自己：您见客户时的装束、您的介绍方式、您将出现在哪儿、如何给出自己的名片……一切的一切只有一个目的，那就是影响客户，让客户来购买适合他们的产品。为了让您的客户作出购买的决定，您必须要在客户身上有效地施加影响，感召客户，嗯，也就是"操纵"客户。您同意吗？

您帮助客户作出正确的决定，这是好事还是坏事呢？"操纵"这个词本身是中性的。"操纵"究竟是会带来正面的效果，还是应该被负面评价，仅仅取决于我们如何践行它，我们用何种方式去操纵、去说服、去影响别人。"火"这个东西，好还是不好呢？因特网呢？汽车呢？这取决于我们如何去使用火、因特网和汽车，出于什么目的，为了达到什么目标。

如此看来，"操纵"行为首先给您提供了机会向客户展示，您的产品和解决方案能确保客户获得哪些益处。如果您真的确信，您提供给客户的产品就是他所期待的，那么"操纵"行为就应该被解读成：怀着单纯且透明的动机，坦诚地告诉客户，您希望卖给他产品，但不是以客户之后的后悔为代价，因为您非常重视一点，即产品的优势必须真的对客户有切实的帮助。

14. 幻想情境的人停滞不前，寻找对策的人做出成绩

"如果我能有更多客户会谈的话，那么……"

"如果我的客户资金更雄厚的话，那么……"

"如果我在另一个销售领域的话，那么……"

"如果我的佣金能再涨一些的话，那么……"

这份"幻想清单"当然还可以无限拉长，类似这样的疯狂抱怨，您一定听到过吧，还是您自己就属于喜欢幻想情境的人？

幻想情境的人会抱怨自己的处境，却不会从中得出结论，并尝试去改变它。很多平庸的销售员都有"如果……那么……"类型的抱怨，并很清楚自己有哪些并发症，比如缺乏动力，工作没有计划，以及空白的收入清单、寥寥无几的客户、索然无味的产品展示、模式化的异议处理等。只有在问询陌生客户时，幻想型销售员的肾上腺素才会急速上升，才能淋漓尽致地展现自己的创造才能，只为找到那些创意十足的借口来掩盖自己销售的目的。

幻想情境的人当然也知道治疗的良药，那就是问问自己：我怎样才能获得更多的约见日期呢？我怎样才能找到那些准备慷慨解囊，赞助我的产品的客户呢？我怎样才能让销售经理确信，他

应该把我分配到一个更大的，或者全新的销售领域呢？我怎样才能提升自己的销售佣金呢？不过，他们是否会付诸行动，采取措施应对，就要打一个问号了。付诸行动，意味着走出安乐窝，精明地做计划，不断学习，为了达到目标而竭尽全力地工作。"不劳无获"这句话，听起来虽然陈腐，但却是事实。

归根结底，一切都是态度的问题。顶级销售员是寻找对策的人，他们会把自己的理想和目标都实现。好吧，赫尔穆特·施密特[①]（Helmut Schmidt）说过，有幻觉的人应该先去看看医生。不过，如果谁把普通意义上的幻觉与那些背后隐藏着计划、期待、希冀和愿望的目标混为一谈，那他也不应该奇怪，为什么自己总是达不到想要的效果，为什么打击、失望和沮丧总是充斥着自己的内心。

混沌、想象、含糊的愿望、不切实际的希望、过分乐观的期待、虚幻的乐土……这些与带着雄心壮志的理想和清晰的目标毫无关系。

顶级销售员的原则：目标的清晰度决定了成就的大小，所以我的目光永远向前，我的思考永远以未来为中心，我的行动永远效忠于清晰的目标。

---

① 赫尔穆特·施密特（Helmut Schmidt，1918—2015），德国政治家，曾于1974—1982年担任联邦德国（西德）总理。

15. 不清楚目标，便找不到出路

您当然可以直接启程，遵循试错法的法则：我先出发，走着瞧，看看会发生什么，会遇到什么。如果您是喜欢冒险的探路者，愿意静候发生的一切，那您挺棒的。如果您陷入了死胡同，遇到了路障，经历了巨大的弯路，进入了山口，绕了圈子，或者遇到了其他的麻烦，那我只能说：不错，祝您开心。

不过如果您想成为顶级销售员，那就请给自己列个计划吧。一个切实可行的计划，开始于动笔写下每一个目标，这些目标必须定义清晰，内容具体，可衡量，并附有完成期限，即遵循SMART①原则：Spezifisch（特定）、Motivierend（有激励效果），Aktionsauslösend（可触发行动）、Realistisch（立足现实）、Terminiert（规定期限）。

在叙述目标时，请使用完整的句子，时态用将来时，并以批判的态度反问自己，为什么您要制定这个目标，即这个目标能为您带来什么，您能从中得到什么好处。然后写下您自身的优势，并借助可视化的力量，让一切问题变得简单明了：想到您的目标时，您心中会出现哪些画面呢？如果完成了目标，您会有什么样的感受呢？您接下来会做什么呢？您该如何奖励自己呢？比如去一个期待已久的地方旅行？那您就索性把旅行宣传册弄到手，让自己

_____

① 形容词"smart"在德语和英语中均有"精明"的含义。

沉浸在那些美好的画面中，并开始计划您的旅行吧。

即使您的目标看似巨大，并需要花费很多耐心和精力才能实现，也请不要把它抛到脑后。如果目标真是这样的，那您可以再确立很多阶段性目标，并在每个阶段之后检验一下，哪条道路可以正确地通往下一个阶段性目标。无论是面对最终目标，还是阶段性目标，您都应该经常问自己以下几个问题：

* 我需要哪些信息才能达到目标？

* 在通往目标的道路上还有哪些障碍？我该如何清除这些障碍？

* 哪些人可以帮助我实现目标？这些人究竟可以帮我多少呢？

* 现在的合作伙伴给予我的支持，依旧能够帮到我吗？还是我需要新的合作伙伴以新的方式帮我呢？

* 我目前拥有的工具和方法还够用吗？还是我需要调整它们以便适应目标，甚至需要全部更新？如果需要更新的话，哪些方法是在通向目标的道路上适合我的？

请定期完成目标和现状的对比清算，因为您就是自己的项目经理和监督者。这里当然有个疑问：如果经营目标和检测阶段性结果的是一个人，那么他又该如何同时执行监督呢？是的，这时您就需要为自己负责了：您可以和您的合作伙伴或者您的领导谈论您的目标，并承诺定期向他们汇报您的进展。当您出现动力危机的时候，您可以让他们提醒您，究竟为了什么您才让自己如此劳累。拿出自己的最佳状态，坚持不懈地追逐自己的目标，然后您就可以用骄傲、自信和完成目标的喜悦来奖赏自己了。

16. 良好的规划能激发好点子

良好的规划和好点子有什么关系呢？一边维持着有序的安排，一边保持着创新的才能？这二者真的能共存吗？

如果您此刻想到了发明家吉罗 [①]，或者披头散发的艺术家，或者头脑混乱的作家，或者一些超凡脱俗的，但只有在凌乱中才有创造力的教授，那在这一点上，您已经被老掉牙的陈腐思想迷惑了。当然，特例是存在的，但特例同样是规则的旁证。绝大多数总能有新鲜的、不平凡的、怪诞但却绝妙的主意的人，为了确保大脑中有足够的空间编织创意，工作都十分高效。很多崇尚自由思维，并创造力十足的人，都是秩序的狂热追求者，因为秩序、熟悉的结构、日复一日的流程、惯常的路线，才是他们建起空中花园的基石。

尝试运用帕累托法则吧，也叫作 80/20 法则，即 80% 的产出源自 20% 的投入。这会帮助您高效地使用时间，并为自己创造出更多用来自由思考，用来琢磨新点子、好主意的空间：

---

① 卡通动画《米老鼠》系列中的角色，擅长发明创造，但日常生活一团糟，且不善于理财。

* 找出那些让您取得最大成果的销售策略和销售技巧，并坚持使用它们。这里提到的"成果"可以从多个角度考量，包括销售额、前期准备和后期工作的时间，以及对公司和您个人而言，投入和产出的比例等。

* 专注于那些为您带来最多销售额或者利润的产品——20% 的产品将带来 80% 的销售额或利润。

* 考量让您获得 80% 营业额的那 20% 的客户。请不要一门心思开发新客户，而是在开发的同时记着联系老客户。您知道的：重新激活曾经的（忠实）客户，比赢得新客户要省力得多。

做到这些，您就能从肩上放下那些耗费您很多精力、时间和心力的事。为什么要在那些放慢您步伐、阻碍您前进、烦扰您心智，并最终让您无暇顾及会面客户的事情上浪费时间呢？从时间、精神和心灵的负担中解脱出来吧！放松身心可以帮助您在客户面前成为一名出色的销售者，为了您同样需要的放松，请给予自己更多的自由空间。只有这样，您才能获得宁静和闲暇，以便让您的工作不断进入令人兴奋的新篇章；只有这样，您才能为自己提供创造力所需的空间。

不要忘记：通过 20% 的投入，您可以获得 80% 的产出。这就是高效安排的真谛，保证让您有足够的空间想出好主意。

17. 拥有非同寻常的主意，才能留住客户

创新？是的，关于这点还有些要说……当然，您首先需要用您的诚信和专注来留住客户。您工作格外努力，只为让客户不仅觉得满意，还能感到欣喜。您对客户教科书般的忠诚，您极尽所能拉拢客户——但这就是您能做到的一切吗？您会不会在某个时刻觉得，自己还可以做到更多，还拥有其他的"秘密武器"？

顶级销售员利用自己的好点子，不断地给严苛的客户惊喜和激励，因为只有这样，客户才能对他们忠诚。可信、专注、热诚、满足客户愿望，这些都是您必须做到的。能否想出新的、原创的、非同寻常的点子，才是区别顶级销售员和优秀销售员的分水岭。

如何才能想出让人拍案叫绝的主意呢？一种方法是，您在思考时另辟蹊径，把那些看似明智的、合乎逻辑的条条框框都放宽，不要再那么看重您平时工作中恪守的限制。您需要在思考时脱离平时习惯的轨道，选择一条新的道路。您需要坚决地忽视大脑中理智的念头，虽然理智总会在您耳边念叨："这么做太荒唐了，只有统计资料、客观事实和数字才是可信的，其他的一切都是瞎扯。"

不，这不是瞎扯！把脑海中那些对自己的限制都放在一边，放飞想象的翅膀，同时更换一下视角吧。这被称作横向思考。横向思考不是为了寻找正确的答案，而是为了重新排列组合已知的信息。思考的结果是，您将想到以前从未考虑过的问题，以及以

前从未得出的答案。例如，您先不考虑如何能赢得一个客户，而是考虑相反的方面，比如您怎么做有可能会失去他，或者客户该怎么做才能赢得您。

再举个例子，一个重要的客户给您提了一条非常过分的要求。您的第一反应可能是下面这种情形：门也没有！这我怎么可能办到？请您设想一下，假如他的要求可以被满足，那么应该怎么做才能满足他呢？如果您的身份是采购商、项目经理或者市场专家，那您会如何对待这个要求呢？您的领导、心中的楷模、好朋友或者一位能干的同事会如何建议您呢？

您会不会觉得这种思考方式很少见？试试吧，您一定会惊讶，您竟然可以在联络客户和进行销售谈话时想出这么新奇的、不同寻常的主意。

18. 没有自我激励，就没有能量和成就

顶级销售员总是不断为自己寻找任务和挑战。他们的口号是，我还渴望得到什么？

缺少了这种对目标的追求，动力和热情都将不复存在，剩下的只有停滞不前和自我满足。没有饥饿感的人，肯定已经吃饱了。如果谁觉得椰子的壳已经很硬了，那他肯定没挨过饿。没有雄心壮志，注定无法激励自己的客户。只有激情燃烧的人，才能点燃

客户的热情。

顶级销售员对自我的激励，以及他们那种足以感染客户的热情，都来源于他们的生活态度：每天过完，他们都会做出积极的总结，并从这种满足感中获得能量。没有这份能量，销售员不会对新的一天和新的客户产生兴趣，也无法准备去应对新的风险。

这份自我激发的动力，这份雄心壮志，这种勇往直前的精神，绝不等同于把所有的问题都看作不存在，与逍遥自在的乐天派作风也毫无关系。顶级销售员拥有动力，亦因为他们能清楚地看到，叉着腰不做事，抚摸着吃饱的肚子待在沙发上，会带来多么严重的后果：因为自己的表现开始走下坡路，老主顾纷纷投向竞争对手；因为自己在问询方面的放松，新客户变得越来越少；然后就是下降的销售额，开始抱怨的经理，紧巴巴的销售佣金，以及因为没有新目标而导致的巨大的动力缺失。缺乏动力和兴致带来的恶性循环，足以给您致命一击，难道不是吗？

通向成功模式的自我调节，需要在您两耳间15厘米宽的区域内发生，也就是您的头脑中要将自我激励牢记于心。把每一个艰难的处境都看成是一份礼物，便是自我激励的一部分。为什么呢？因为困境能让您从中学习，以便自己今后能更巧妙地应对类似情况。经历打击后，您要鼓励自己下次做得更好。内心拥有这种态度的销售员，是能找到出路的人，而不是给自己设置阻碍的人。因为他们会问自己，怎样才能做得更好，他们失败后不会把责任都推给别人或者公司，也不会把自己分到看似"无辜"的那群人中。

　　为了持续不断地提升自己，请好好利用逆境吧！多回想一下您工作中那些好的因素：独立自主的工作、广阔的决策和筹划空间、创造力的发挥、那些感谢您并把您作为个人和合作伙伴而赏识的客户、支持您的同事和朋友、交易成功后美妙的感觉，以及所有那些让您能够认同自己的工作，并为您的工作带来乐趣的因素。

　　经常问问自己：我工作中的哪些东西能给我带来快乐和热情呢？哪些情境能让我干劲十足，并决心坚定呢？什么时候我的内心是充满自信和幸福感的呢？说到幸福，幸福感会让人心存感激。那您今天应该对什么心存感激呢？比如对一位客户，因为他今天跟您说了自己是多么愿意与您合作？又比如对一位领导，因为他拍着您的肩膀说你能在他的团队中，他是多么的开心？

　　您不仅拥有一份工作，还拥有一份使命，因为旺季里谁都能过上好日子，而淡季里却只有最优秀的人才可以。

19. 只有拥有热情，才能让人信服

　　绝大多数销售员都非常缺少那些能让他们变成顶级销售员，并长期业绩显著的特质：动力、激情、说服力和自信。所以，他们销售着普通的产品和服务，面对着普通的客户，提供着普通的

报价，结果当然就是平庸的销售额和销售提成。

当然，自律也很重要。仅有动力和激情，还不足以把一辆宝马单人汽车提升为宝马Z4。所以您每天都应通过检查您的电话联络数量、访客数量，以及卓有成效的约见数量，来检验一下自己的销售技术，并问问自己，客户的意见是否已被正确处理，您的售后服务是否到位。把每天必须要做的事情完成之后，再犒劳自己。您的劳动成果决定了客户的满意度，而并非相反。

但没有动力、激情、说服力和自信，您将无法让自己的斗志燃烧，并点燃客户的热情——客户对您本人，以及对您产品和公司的热情。热情不是一切，但没有热情就没有一切。

您拥有上面这些技能吗？如果您能毫不犹豫地用自己内心最深处的坚定，对以下问题中至少四个答"是"，那您就已经拥有了长效不断地激励自己和客户，并让彼此都充满热情的能力了：

* 我和搭档、经理、同事和客户之间的关系都是积极的；

* 我的客户把我当成平等的贸易伙伴，我被他尊重并赏识；

* 我将自己在专业领域、方法应用、社交及客户等方面的技能维持在最新的水准上；

* 我能为客户提供为其量身设计的，并符合其自身需要的收益和增值；

* 我可以沉着地化解客户的异议，并顺利地触发交易；

* 我的客户感觉在我这儿得到了很好的照顾，因为我在交易之

后也依旧与他们同在。我的格言是，交易的结束，就是下一次交易的开始。

20. 拥有直面"拒绝"的强大内心

销售员的脸皮一定要特别厚才行，如大象一般。面对日复一日的否定、拒绝、临时被取消的会面日期、站不住脚的借口、愚蠢的客户言论、让人抓狂的价格商议、毫无道理的投诉，他们需要不断为自己提供能量，并用自己强大的耐力，将一个个坚决的"不"转化成充满热情的"好"。

为此，您需要一系列精神层面的优势，比如在自我价值感、经验、专业性、对重要事物的专注度、洒脱，以及坚信自身效能等方面的优势。您要做的是不断激励自己，在晚间享受即将过去的这一天中大大小小的成就，从失败中学习，并每天早晨都带着征服世界的欲望起床。正因为如此您才成了销售员，不是吗？

有个小测试可以说明一些问题——"床头练习"：坚持一周，每天清晨，当您还坐在床头时，问问自己：我对今天要做的事还像昨天一样有兴趣吗？如果您有三次或者三次以上回答"不是"，那对您来说，真的是时候改变一下自己了。

顶级销售员拥有能让自己抓住机会并取得成绩的心态。因为了解自己的专业能力、经验和成就，顶级销售员能够感受到自己的价值，并因此拥有安全感。这种安全感不仅能让那些被点燃热情的客户感动，还能帮助销售员运用自己的专业技能，信心十足地处理好即使已经很严峻的情况。所以，和平庸的销售员相比，他们能在更多情况下完成令人满意的交易。这就是作为胜利者必须拥有的精神气质。

如此说来，差距究竟在哪里呢？不要让恐惧来决定自己的行动。那些对错误、对责备、对拒绝、对上司、对崇高的目标，以及对失败的恐惧，统统不要！因为对消极因素的恐惧，只能短时间内作为我们行动的动力。长久看来，恐惧并不是销售员保持积极性的驱动因素。您的积极性和自信心、您的安全感和正能量、您的洒脱和专注，才是您真正的动力，才能赋予您强大的精神力量，帮助您克服阻碍，将挑战变成成果，将摇摆不定的客户变成您忠诚的粉丝，将坚决的"不"变成充满激情的"好"，将平淡无奇的"一波流"交易转化成与客户的长期关系。

毋庸置疑，即使是销售员中的赢家，也会有倒霉的时候。但他们不会怜悯自己，而是会马上想到那些自己已经取得的成就，不仅是销售中的成就，还有他们青少年时期和私人生活中的成就，然后对自己说：我已经做成很多事了，那这一次，摆脱困境的可能性有多大呢？答案是肯定的：很大——只因为我是胜利者。

21. 顶级销售员专注于能做成的事

您如果开车去拜访客户，但却并不相信您能带给他最优质的产品服务，并将成为那个能给他提供最佳方案的最棒销售员，那么说句实话，您真的可以直接把车开回家，然后窝在沙发上，旁边放上一提六瓶装的啤酒，还有一大包薯片，守在电视前观看欧洲体育台转播的冰壶世锦赛了。

"看看吧，今天能发生什么。"——那些平庸的不相信自己和自己产品的销售员，肯定会这么想的。他们往通向交易达成的道路上扔石头，阻挡自己前进，即使客户正期待着他们的出发。这类平庸的销售员最多也就能当上第二名。但我们知道，冠军会带走一切。只有最棒的销售员才能达成交易，拿到订单。您想成为第二名吗？还是想成为冠军？如果您想成为最棒的销售员，那您的格言应该是，我今天想把产品卖给客户，因为我拥有对他而言最棒的产品。

即使您认为自己的产品只是第二好的，其他销售员的领域似乎更棒，公司给您配的车并不怎么吸引人，行业竞争太过激烈，即使您还有其他自己给自己设置的障碍，即使您还想罗列出其他的"可是……"，您都没有任何理由不留在客户身边，没有任何借口！

不要专注于那些貌似会阻碍您的因素。如果一个人只将自己狭窄的目光聚焦在那些自己觉得"做不成"的事上，那他想做的事一定不会成功。请转换一下视角吧：专注于那些可以让事情成功的因素！您听过法国作家弗朗西斯·毕卡比亚（Francis Picabia）的一句名言吗？——"我们的头脑是圆的，所以我们的思想可以改变方向。"

不要浪费精力去绞尽脑汁地想，什么事不行，还缺什么，什么会被搞砸，而是去寻找解决问题的答案吧。专注于奔跑，而不是专注于障碍。改变您思考的方向吧！顶级销售员看在眼里的事，一定都是可以做成的。

所以，那些和您工作主题无关的事，您同样需要放手。您是销售员，而不是自己的旅行顾问、报税师、汽车机械工和保险专家。当然，如果您已经把一切都攥在手里了，那想放手也不是那么容易的。但如果想成为最好的销售员，放手是必须的。

出色的准备和积极的态度，能为您的内心注入力量，让您渴望被客户所信服。除此以外，您需要专注于那些能让事情成功的因素。请对自己说："我想在今天向客户销售这件产品，因为我能为他提供最好的方案。"您的客户能够感受到，您是否真的对他有兴趣。如果是这样，即便您工作时以交易为导向，客户同样会接受您。

您的专注点是销售，不仅因为您会销售，而且因为您渴望销售。

22. 你曾经给予别人的，最终都会回来

我们儿时就被教导过："给予比得到更快乐。"这句话听起来是不是有种"你好我好大家好"的感觉，像一碗与销售工作的实情毫不相关的"和谐鸡汤"。不过，它的核心含义是站得住脚的。这句话还有一个听起来似乎缺少了几分美感的版本："曾经给予别人的，最终都会回到自己身边。"您给予客户尊重，就能赢得客户的尊重。如果您只是渴望那笔在交易时向您招手的佣金，而觉得客户无所谓的话，那客户会谈就只能围绕着价格展开了。如果是这样，您一定不会以胜利者的姿态离开的，相信我吧。

为什么这么说呢？顶级销售员绝对不会把探寻能从客户身上得到什么以及得到多少当成自己的工作目标，因为这一切都会在之后的进程中自然产生。顶级销售员要问的第一个问题永远都是，我能给予客户什么？

想要成为顶级销售员，您永远都不该琢磨：如果我今天继续忽悠客户的话，那到了月底就能积累一笔相当可观的销售额了。如果这样，对销售佣金的贪婪就会驾驭您，您的眼中就会放出金钱的光芒。您不会再问自己：客户究竟需要什么，我又能给予客户什么？长期来看，这种做派定会失败，因为它与尊重客户毫无关系。这样的行为同样会映射出自我价值观的缺乏，因为您将自我价值和销售额以及提成捆绑到了一起，而不是和成就感——那种来源于为客户提供他们希望得到的产品，并让他们感到满意和

快乐的成就感。

当然，顶级销售员拥有超乎寻常的"狩猎本能"，否则他们就配不上"顶级"二字了。这种"狩猎本能"在他们内心深处，即使已经挣了多到足以让自己好好喘一口气的钱，他们的"狩猎本能"依旧不会消失。但是，这种"狩猎本能"与金钱、销售额和销售佣金毫无关系，而是基于他们特有的那份期待，他们期待能提供给客户正在为自己的问题而寻找的解决方案。

无论交易是大还是小，无论面对"A级"还是"C级"客户，顶级销售员总会带着同样愉快的心情、同样周到的准备和同样严谨的态度进入销售谈话。他们为每一位客户的付出都是一样的，因为他尊重自己的每一位客户，也一直在尝试为每一位客户寻找最佳的解决方案，没有例外。

要做到这点，唯一的前提就是销售员必须要百分之一百地相信自己的产品和提议。销售员必须要觉得自己的东西不错，并喜欢上它们，甚至爱上它们。只有这样，他才能以令人信服的方式，向客户介绍自己的购买提议能为他们带来哪些好处和利益。因为如果销售员连自己都无法说服的话，那他还怎么能说服客户呢？

换句话说，如果您能在一次小的交易过程中说服客户，那您今后就有极大的机会再次把产品卖给他。如果您将合适的解决方案推荐给了客户，今后客户就会一次又一次地来回购。如果您的购买提议征服了客户，钱就会自己来找您了。这一切完全不需要什么虚伪和手腕，这就叫作维系客户关系。

简言之，专注于那些您能给予客户的东西，比如针对客户问题的解决方案，以及您的产品能为他们带来的益处。这之后，交易的到来就是必然的了，随之而来的当然还有销售额和销售佣金。

23. 销售员不必处处讨好客户

您听说过"死亡价格谈判"吗？这听起来像是在犯罪，所以，在一次理想的商谈中，面对信服您的客户，这种情况应该不会出现。不过以下的情形，或者类似的，您肯定经历过：

客　户："太贵了！"

销售员："太贵了？和什么比呀？"

客　户："看了别人家的货，您的价真的太高了！"

销售员："您具体指的谁家的哪些货？"

客　户："比如Ⅹ公司的，还有Ｙ厂家的。"

销售员："您不能这么比呀，因为我们为您提供的服务是最好的。这就是差别。"

客　户："您别这么说。在产品和服务这块儿，其实真没什么大的区别。"

销售员这种逼问"和谁比算贵"的战术，已经是过时的老把戏了。如今，靠这一招已无法再打动客户。恰恰相反，很多客户会在这时吹响"狩猎"的号角，宣布他们对低价的追逐已经开始。你现在能给客户的，只剩下捍卫自己立场的理由了，可客户对这些并不感兴趣。价格的螺旋式下降已被触发，因为您交出了谈话的主动权。

作为销售员，您在这种情况下是陷入守势的，只能防守反击，不过，球其实依旧停留在客户那半场。您必须在价格的较量中始终展现自己的控制力和强势，或者至少在劣势下赢回这场较量。否则，您只是分销商，而不能算是销售员。

但如何才能在这样的处境下重新赢得主动权呢？您必须保持您的自尊，以及对您的产品、公司和报价的正确态度，即使这看上去很难做到。这是底线，如果坚守不住，那不仅是价格，您的可信度也会同时降低，就像有句话说的："如果一切都顺利的话，我就是顶级销售员，但当客户把质疑甩到我面前时，我就直接钻到地毯下面了。"这种哪怕一阵最轻柔的风都能吹倒的销售员，客户绝不会尊重。只要有竞争对手提供了更低的报价，客户就会马上转向他们。

不要这样，一定要用相反的方式来应对：变得有攻势一些，告诉您的客户，即使他们提出质疑，您也会坚定地支持自己的报价，因为您相信自己的产品。不要去反驳，而要去巧妙地论述，因为您想掌控这场较量："是的，我们的产品的确贵，虽然贵但是好。具体好在……"这时您需要列出客户可以从交易中获益的根据，即那些您通过客户需求分析得出的，针对他自身的，顾及他购买欲和愿望的论据。通过这种方式，您将客户从赤裸裸的价格战带入了性价比的讨论中，这为您赢得了更大的周旋空间。

如果客户期待着行家的出现，那他们一定愿意为行家掏钱。问题是，您就是这位行家吗？

24. 只管去做，订单自然到来

一个人的态度，以及他的内心观念，是决定他能否摆脱平庸，取得不凡成就的决定性因素。这一条对每个人都同样有效，与他的年龄和职业领域毫无关系。

很多销售员都缺乏一种能让他们事业有成的态度，即他们不会针对每一次客户会面制定规划。这个规划的源代码是，这次会面不可能失败，反正他之前也从没找我买过什么。

如果能这么想，那成功的压力就会转化成对成功的吸引力。前者是一个推动因素，逼迫您接近成功，就好像有个人在身后费力地推着您一厘米一厘米地向销售成果前行，而销售成果就站在原地一动不动。而后者恰恰相反，它是一个吸引因素，也就是说，如果您调整好自己的内心观念，勤奋而执着，并坚定不移，那么您在成果面前就很有吸引力，甚至有几分性感。您会吸引销售成果自然而然地来到您身边，而自己却一步都不用动。

不过这不意味着您可以干坐着，什么都不干。销售成果不仅是可以想象的，也是可以实现的，但它需要您为它而工作，只有这样，成功才能到来。

成功的前提是勤奋。从长期来看，勤奋的人总是可以超过那些有天赋的人。如果两类人合作，那他们必然能组成一个无敌的梦幻团队，这当然无须多言。所有事业有成、名利双收的人，都曾为他们的成就付出了辛勤的劳动。换句话说，收获之前永远都是播种和大量的田间耕作。没有人敢说，这一切其实可以变得更简单。

除了天赋，勤奋的另一个搭档是执着。客户的一个"不"字仅仅意味着，他还需要另一次激励。"不"绝不意味着您要放弃，而是您现在要以正确的方式继续努力，您要坚持留在客户身边。行动，而不只是期待得到！

为您的客户提供顶级的服务吧，您的宗旨就是永远留在客户身边。这样的话，在很多次"不"之后也许您就能听到一句价值连城的"好"，然后便是下一个"好"，当然还有再下一个，永不停止。

成功销售的公式：正确的态度＋勤奋＋顽强＝成功的销售。

25. 失败可以被转化成机会

销售员的收入中，只有一半是他们的业务能力带来的，包括针对电话及面谈的前期准备和后期工作、合理地分析客户需求，还有产品展示、专业知识和销售技能、个人能力和社交技巧，以及着装等。而另外一半收入就是用痛苦换来的了，那些销售员从一次次五雷轰顶般的"不"、粗暴的拒绝，以及不太友善的推辞中获得的痛苦。难道不是吗？

销售很大程度上取决于销售员能承受多少拒绝和推辞；取决于他们能不能一次又一次地振作起来，并毫不迟疑地继续前进；取决于他们能不能不断激励自己，不断接受新的挑战，就像一个不倒翁，默默接受摇摆，只为了让自己重新竖立起来。温斯顿·丘吉尔[①]（Winston Churchill）虽然并不是以销售员的身份成名的，但在他众多风趣幽默的名言中，有一句却深深刻在销售员的心中："成功是能够热情不怠地从一个失败走向另一个失败的能力。"

当然，最好的销售员也不能对失败免疫。他们与中等销售员之间的差别，正是对待这些失败的方式：他们不会像被欺负了一样板着脸，不会把责任推给客户或者当时的情境，也不会躲到一个黑暗的角落里，然后像受伤的动物一样舔舐着自己的伤口。同样他们也不会在对自我的极度怀疑中沉沦，并质疑自己的职业身份。

恰恰相反，他们会分析自己的失败，而在分析时最好能有同事、领导和客户的支持。然后他们会以自我批判的，但同时也富有建

_____

① 温斯顿·丘吉尔（1874—1965），英国政治家、历史学家、画家、演说家、作家、记者。

设性的方式来研究失败的原因。这种对待拒绝、推辞和自身错误的方式，也可以说成是吸取经验教训的行为，会为他们在今后的艰难场景中打开新的视角，并给予他们下次做得更好的机会。

陌生客户问询——销售中拒绝指数最高的一项——其实就是争取联络的竞技比赛。您建立的联系越多，能卖出的产品就越多，但很多联络您只有不断坚持下去才能获得。就像玩大富翁游戏，即使有一轮运气很差，但下一轮骰子是要重新投的，通过不断掷骰子，您可以持续前进，就算输了，游戏还是可以从头再来。新的一局，新的运气。如果您在一次问询时收获了"不"，那么，掸掉身上的灰尘，擦擦嘴，挽起袖子，接着干吧！

如果一次交易没有达成，千万不要把它看作是针对自己的。淡定一些！继续为客户提供产品信息，继续不间断地联系客户，比如邀请客户来参观新的产品。保持联系，坚持不懈，表现得礼貌但又坚定，因为只有您让客户觉得他们仍排在您"客户期待榜单"中很高的位置时，他们才可能从对您有兴趣的人转变成被点燃热情的客户。

所以，失败就是成功之前的学习阶段。失败是指向未来成功的路标。那种准备好从失败中学习，并渴望把学到的在未来付诸实践的个人态度，将会起到决定性作用。只有爬起比跌倒多一次，我们才能达到目标。只有那些通过辛勤劳动获得的成果，才能让您成为赢家。

26. 悲观是唯一——坨永远也长不出鲜花的牛粪

顶级销售员乐在销售。他们会一次又一次地激励自己。他们拥有自我价值感和自信，敢于与自己的客户平起平坐，并尊重他们，喜欢他们。顶级销售员将失败转化成机会，并将机会转化成业绩。他们勤奋而执着。他们总是能有好点子，因为他们能很好地管理自己。

您可能会想：好吧，这些听起来都太完美了，但如何实现呢？顶级销售员的认真和能量是从哪来的呢？答案很简单：他们总是自信地展望未来，因为他们是乐观的人。比如，在一次客户会谈前，顶级销售员会很仔细地在脑海中想象一下，客户签订单时会是如何一番景象：自己会如何将装着订单的文件夹递给客户，然后是客户拿出笔，弯腰站在订单前的姿态，那几秒钟的沉寂，客户签字时钢笔在纸上留下的那一道痕迹，客户满意的微笑，以及最后客户是如何将已经签了字的合同与文件夹一起递还给他的。

客户会面时，顶级销售员即使在严峻的形势下也会表现得很洒脱，因为他们的想法是积极的。他们相信自己的销售技能和针对谈话的精心准备，他们会想到已经取得的交易成果，以及它们是如何被拼搏来的。简而言之：他们将自己调试到积极模式。这种模式绝不仅限于谈话的时候，因为他们的乐观是融化在血液里的。在乐观之上，对销售的自信、渴望和乐趣都会慢慢生根发芽。

只有悲观才是那坨寸草不生的牛粪。

如果要谈正确的销售观念，乐观者和悲观者简直就是两个星系的物种。有兴趣看几个例子吗？

*悲观者紧盯着困难停滞不前，乐观者分析挑战，最终获得合适的解决方案。

*悲观者总是为自己辩解，乐观者不去辩解，而是努力帮助自己的客户。

*悲观者感受不到自己的责任，乐观者总是会说："让我来为您做这件事吧！"

*悲观者为红灯而恼怒，乐观者首先看到的，却是即将到来的黄灯和绿灯。

*悲观者的信条是：也许可以成功，但一定会极其艰难。而乐观者会想：也许会艰难，但一定可以成功。

作为销售员，您只有相信自己，才能成为赢家。将对损失的恐惧一笔抹去，让自己获得顶级销售员的王者心态吧！

27. 客户只会与胜者交易

"假如您可以让我们获得这笔订单的话，我将感到非常开心。"

腰还能再弯得低一些吗？还能更低声下气地乞求订单吗？那些我们认为的"礼貌表达"、那些我们所有人似乎都曾学过的表达方式，会清楚地告诉客户：销售员卑躬屈膝的身姿已经僵硬，销售员十分依赖客户的订单。

把自己从"如果……的话""也许必须""也许应该"这类虚拟式和情态动词①中解放出来吧。虚拟式会让您的职业和行动打折扣，您为了能够在需求分析、产品展示、异议处理和议价阶段后完成交易而付出的那些努力，也同样会被打折扣。干脆这么想吧：虚拟式会给交易判死刑。

当然还有那句不温不火的"那么我将会感到非常开心……"，以及听起来更不坚定的"如果您可以让我们拥有这份订单的话……"。您当然会在一圈流程之后期待着订单的到来，那么就直言不讳地告诉客户吧："我期待获得您的订单。"

您应该以自信的姿态出现在最后的交易阶段。自信的姿态不是意味着您正在等待，甚至要求客户作出"积极的决定"。这的确有些傲慢，有些失去分寸了。自信的姿态，其实意味着您相信自己的产品，并会坚定地支持它。

如果您总是闪烁其词，那客户就会留下"您对产品毫无信心"的印象。正是这种印象让客户感到不安，因为他只期待得到最好

---

① 虚拟式是德语的一种语态，分为第一、第二虚拟式，后者的用法之一是表达委婉的请求，此处作者针对（第二）虚拟式和情态动词列举了以下几个例子：将会，可以，不得不，应该。

的产品。最好的产品，是能让销售员拥有一百分信心的产品。归根结底，您应该给予客户需要的那份安全感。

即使在交易的最后阶段，问询客户时您也应该表现得镇定、放松。您自信的登场，意味着您心中充满了能为客户提供最佳方案的自信。您不想空着手离开，这一点客户心知肚明。

请表现得坚定：说服自己不放弃，留下来，直到交易完成。如果这时已经没什么能阻挡客户购买的因素了，那就再给客户一份额外的安全感吧，您最好能祝贺一下客户："天啊，客户先生，我现在真的只能祝贺您了。因为您让我们来到了您身边，而我们就是您一直在寻找的合作伙伴。"

请以胜利者的姿态出场，因为客户只会与胜者交易！

28. 基本工资越高，销售热情越低

需要通过销售来生存的人，才是真正在销售。如果销售员的工资中，非固定收入所占的比例是最大的，那他必须更久、更努力地工作。他们要以充满新意的方式销售，以令人信服的方式介绍产品、表达观点。如果谁经历了这种历练，那么任何一位客户或销售经理都很难让他手足无措，任何事情都不会让他轻易吃惊。

但如果销售员的基本工资很高，而浮动部分所占比例较小的话，他们恐怕就很难胜任自己的工作了，因为他们不会那么拼命

地去争取每一个客户、每一份订单。为什么呢？因为他们即使失去了一位客户或一份订单，也不需要在月底时为钱够不够花、冰箱会不会空而烦恼，而度假的钱也是必然能攒下来的。这类销售员不需要离开自己的安乐窝，他们会把安乐窝搭得越来越大，甚至会把 B 级客户的约见机会都放弃掉，他们更加期待下班，还有之后在酒吧里喝的那几杯啤酒。

不要理解错了：这类平庸的销售员应该在下班后去享受自己更加期待的那几杯啤酒，也应该去走那条阻力最小的路，按照规章制度办事交差。但如果指望他们能赢得最大的、最优质的、最忠诚的客户，那简直就是天方夜谭，因为想要赢得这些客户，他们首先需要把屁股从沙发上抬起来，真正地开始干活。

如果销售员每天都能感受到挣钱养家的压力，每个月底在对账单上看到的那笔工资，的确都是用自己辛勤的劳动换来的，那他们一定不会把销售仅仅当成"义务"来执行。如果谁总能拿出成功销售所需的那份动力，那他一定会把销售看作自己的使命，而不仅仅是一份惯常的工作。他们之所以销售，是因为他们渴望销售。

这种渴望体现在：一个优秀的销售员会利用每一个机会问询和销售。他只认识两个座位：汽车里的，还有客户办公室里的。他知道，为了销售，他必须为客户提供咨询服务。提供咨询对他来说是销售中必需的一步，但绝不是为了个人私利。

这样的销售员渴望销售，也必须去销售。所以，他们能赢得最大、最优质、最忠诚的客户。

29. 您只能销售自己坚定支持的产品

　　长期来看，作为销售员，只有坚定地站在自己的产品、服务、公司和市场身后支持它们，您才能获得成功。只有百分之百确信这一点，您才能明白，为什么您每天早晨要出门，为什么在吞下一个又一个"不"之后还要继续行动，为什么在被客户秘书打发走后还要坚持留在客户身边，为什么每天都要与新客户约定新的交谈时间，为什么要为客户付出额外的努力，为什么要不断激励自己。

　　即使考虑到各个方面，答案也总能归结到一点上：您只能把自己百分之百相信的推销出去，包括您的产品、公司，还有您自己！如果您自己都对它们抱有怀疑，那还如何让客户相信它们呢？如果您提供的东西，在您的内心都无法燃起激情之火，那您如何能点燃客户的热情呢？如果您都无法被自己的建议所吸引，那您还怎么去吸引客户呢？

　　除此之外，您还需要认同客户，或者更具体地说，认同客户的需求和需要。这并不是说您要转换角色，钻进客户的心里。的确，您需要通过客户的视角来观察自己的产品，以便发现那些客户期待的优点和收益，让销售与客户的购买动机衔接到一起。但这不意味着将全部注意力都投向客户本身，因为如果那样，您就会失去与客户之间的，也是销售工作所需要的那段专业的距离。对客户的认同不能太过，否则销售员会将客户面临的抉择压力转嫁到自己身上，那些来自紧张的购买预算和时间安排、有限的责任范围，以及客户的职位和地位所带来的压力。最终，您将客户的任务变成了自己的任务，并失去了与客户必要的距离。如果您想要以令人信服的方式来代表您公司和本人的利益，这段距离是必需的。

不要销售那些过贵的或者有瑕疵的、您自己都无法支持的产品。不要去尝试那些肮脏的，您自己作为客户都不会去选择的服务贸易。您需要展现自己的价值。作为销售员，放弃那些看起来有过度包装之嫌的产品，也是在维护您本人的利益：如果您因为这样的产品而让忠实的老客户失望，那您作为销售员在业内的可信度将会大打折扣，因为愤怒的客户会对他们的同事和商业伙伴说出自己的不满，这样的负面消息一定会如野火一般迅速传开。

如果您能完全相信您的产品、企业和您自己的话，您也一定知道，如何沉着地面对那些刻薄的客户：如果您面前出现了一个大家都讨厌的家伙，或者总爱占便宜、尾巴翘上天，甚至可以归入精神病群体的人，当他们在您面前开始行使自己所谓的"客户权利"时，您就可以跳出游戏了。您不需要为了营业额而让所有人都满意。您拥有得到客户尊重的权利，因为您同样给予了客户尊重，并已经准备为客户付出一切，只要客户还顾及您的底线。

30. 销售不等于提供咨询

这不是谬误，这里也没有打错词。您没有看错：销售不等于提供咨询。优秀的销售员不是顾问。可如果一个销售员不提供咨询服务的话，那他还怎么变得优秀呢？

为了回答这个问题，我们有必要来看一位典型的"销售顾问"的做法：假如有一位销售员叫米勒，现在正坐在他的客户胡贝尔身边。米勒出色地分析了胡贝尔的需求，为他展示了合适的产品，并从容地排除了他的异议，甚至连价格都谈妥了，因为米勒用令人信服地方式证明了胡贝尔能从他的产品中获得哪些增值。

这一切米勒都干得很漂亮，他成功地将胡贝尔带到了通向目标的最后一步，交易已经触手可及了。但米勒并没有向目标最后冲刺，而是在目标的前几米给自己设置了一个障碍，一个高到他跨不过去，也不想跨过去的障碍。

究竟发生了什么？米勒并没有发现客户希望购买的信号，因为他相信，做好咨询服务，他的任务就完成了。胡贝尔已经在产品展示的阶段不住点头了，他开始提出关于售后服务的具体问题，也很快放弃了自己那些不痛不痒的异议，他只想知道产品什么时候能送到。胡贝尔还给米勒传达了其他希望购买的信号，但米勒坚决地无视了这些信号，因为他相信，让客户获得广泛的信息，就已经足够了。他又抛出了一些关于自己产品的非常细节的信息，然后又是新的信息，之后米勒的新信息还是接连不断……

米勒将客户淹没在专业知识的海洋中，而不是将交易装入麻袋并封口，正如俗话说的："书呆子能杀死客户。"胡贝尔最终偃旗息鼓，跳出了交易谈话："谢谢您详尽的咨询服务，下次我再联系您吧。"您知道的，胡贝尔当然再也不会联系米勒了。

　　顶级销售员在这种情况下，会在米勒停下的地方继续前进，他们会继续扮演销售员的角色，因为他们知道：关系成熟，并获得足够产品信息的客户，还远远不是买家！顶级销售员会鼓励自己的客户作出购买决定，除此以外，其他一切工作都叫作咨询服务。就这一个差距，便区分了销售的优劣。顶级销售员会自然而然地想到：咨询服务是销售过程中重要的一环。这一点毋庸置疑，但提供过多的顾问工作意味着对客户的要求过高，因为客户失去了您的鼓励，必须要一个人作出下订单的决定。

　　您的客户需要您的支持和陪伴，尤其在交易即将完成的阶段。作为一名优秀的销售员，您不能在咨询阶段便止步，不应该让客户独自作出购买的决定，因为您确信自己为他提供了最好的产品。既然这样，就给予客户他需要的安全感吧，以便他在签订单时能拥有好心情。

　　过多的咨询服务，意味着强迫客户去找自己的竞争对手下单！

31. 销售员不能当哀求者

　　强大的销售员会将自己与客户的关系看作是平等的，基于彼此信任的伙伴关系，这种关系远远超出交易本身，并可以长久存在。他们与自己的生意伙伴平起平坐，不会以哀求者的身份参与到谈话中，但也不会把自己的客户看成是创造销售额和佣金的"奶牛"，并可以随时毫无反抗地被挤奶。

顶级销售员这种胜利者的心态，首先从他们对别人真实可信的尊重中体现出来。这种尊重，与那些卑躬屈膝的人、信奉"客户永远有理"的好好先生、永远服从上级的会计，以及灰头土脸的平庸销售员呈现的那种低三下四的"尊重"完全不一样。顶级销售员展现的尊重，是充满自信的，并且会传达给他对面的人一个信号：我尊重您，也请您尊重我。

掌握这门艺术的人，即使在与对方公司的董事谈话时，也不会像兔子见了蛇一样颤抖。那些能够像尊重别人一样尊重自己的人，一定会让自己衣着得体，并通过自己对客户的礼貌、真诚和重视，以及自己的可靠来展现对客户的尊重。

顶级销售员给予客户和自己的那种充满自信的尊重，会散发光芒，所以客户也会充满敬意地接待他们，这种彼此尊重让真诚的商业伙伴关系变得可能。顶级销售员努力创造这种局面，因为这会让他们拥有与客户的长期关系，以及客户内心深处对他们的信任。这种信任关系的价值，会从实打实的交叉销售、追加销售和口碑营销等方面体现出来。

平庸的销售员一旦进入哀求者的角色，便会早早被客户拉进恐怖的价格谈判中，结果便是关于折扣和供货条款的决战。一次让步，次次让步，想让价格跳出螺旋式的下跌已经不可能了。

不仅如此，客户对销售员的尊重（假如曾经有过的话）也会烟消云散，再也无法挽回。如果您给客户留下了不相信自己产品，并无法认同自己公司的印象，如果客户觉得您对自己的报价一丁点自豪感都没有，那客户为什么还要尊重您呢？

这样的情形下，当然也不可能产生与客户的长期关系。一位不尊重您的客户，最多只能把您当成便宜的分销商。作为哀求者，您不可能给客户任何重视您的机会。如果您的竞争对手在这时拿出了更低的报价，那客户一定会很快就将您的联系信息从自己的分销商列表中删除。客户会在哀求者面前展现自己的忠诚？别做梦了。

充满自信的顶级销售员，能展现对别人的尊重，并期待被别人尊重，他们有魅力，能吸引优质客户。而对于哀求者，只有一条适用：一次当家丁，一辈子是家丁。

32. 情境预想可以帮助您信心十足地进入销售谈话

您如何在精神层面上准备自己的销售谈话呢？把导航调好，以便准时到达客户所在的地方？这是自然要做的，写在这里都显得有些浪费纸了。再次快速浏览一遍您数据库和笔记中记录的客户信息？听起来进步了些，但依旧完全停留在一般水准上。再检查一下装备，看看皮鞋是否干净、领带是否戴正、所有材料是否准备妥当？这当然是画龙点睛的一笔，不过如果"龙"还不在，那这一笔一点价值也没有。

顶级销售员会在脑海中预想一遍即将发生的情景，就像过电影一样，而他本人就是这部电影的编剧和幕后导演。他在客户会谈的前天，在脑海中一幕一幕、一帧一帧地拍摄这部电影。电影的题目就是《我该如何正确地谈话并成功地交易》。

顶级销售员会看到自己是如何走入客户的办公楼，如何和客户打招呼，以及用哪句话来寒暄的。他会想象与客户的握手是什么样的感觉。他会用内心的双眼来观看起始阶段，想象自己先用下面这句话打破局面："客户先生，假如我今天能让您相信，我们就是您期待的贸易伙伴，那我们是不是就已经拥有您这位新客户了？"然后他会看到客户用吃惊的表情盯着他的那一瞬，之后听到客户被逗笑的声音。亲和力加分已达成。

顶级销售员继续按照自己的想法拍摄其他的场景：需求分析、客户利益论证、异议处理、价格谈判、支付条件、关于下单的问题、签字、握手和道别。

这算什么呢？要论讲故事，华特·迪士尼①（Walt Disney）不是更在行吗？等一下，这不是一个被限制得死死的，而导演、摄像、演员以及整个摄制组都必须如奴隶般照着拍摄的剧本。通过情景预想，销售员可以获得出场时的安全感，而且销售员也需要这种安全感，以便应对与客户谈话中的突发因素。例如与您谈话的不

---

① 华特·迪士尼（1901—1966），美国著名动画大师、企业家、导演、制片人、编剧、配音演员、卡通设计者，迪士尼公司创始人。

是约好的那位，或者出现了额外的、销售员没有预料到的交谈伙伴，实际谈话时间比计划短，客户迟到等。这类情景您肯定是熟悉的。

当一切都没有如预期的那样出现时，灵活并恰当地处理就变得重要起来。能下意识地应对当然很棒，然而您需要这样一部"剧本"，剧本中确定了情节主线，但同时也为您预留了在单独的场景中即兴发挥的空间。只有拥有了这部"剧本"，您才能真正做到游刃有余。

明智的做法是，不要在第二天的路上再开始拍摄您的电影，也不要在早晨对着镜子刮胡子的时候拍摄。头一天晚上就在脑海中拍摄您的大片吧，这样您还能梦见交易呢。

33. 不做家庭作业，便无法一鸣惊人

为了能以剧作者和导演的身份在脑海里拍摄您的大片，首先您需要做完自己的家庭作业。这些是您成功拍摄《销售会谈》这部"大片"所需要的原始素材。如果会谈日期已经敲定，那您的家庭作业就是绝对掌握客户及其公司的基本信息：

* 该公司的经营数据如何？公司的法律形式是哪种？它是家族企业吗？

* 该公司有多大？是如何管理的？它有分公司吗？

* 该公司在哪个领域经营？该领域是公司唯一的运营领域吗？公司的目标群体有哪些呢？

* 该公司在市场中处于什么位置？我的竞争对手有哪些？我的哪些竞争对手和该公司建立了联系？

* 我的谈话伙伴是谁？我知道他的全名吗？他在公司的职位是什么，会发挥什么作用？他的能力如何，决策空间有多大？

* 他之前在哪里工作？

* 他对什么感兴趣？他的生日是几号？他结婚了吗？他已经当上爸爸或者爷爷了吗？

* 他有自己的主页吗？他在 Facebook、 LinkedIn 或 XING^① 上注册了吗？我们之间有共同的、能让我派上用场的联络吗？

这些都是最普通不过的销售技能。如果您这些都还没有掌握，或者根本就没兴趣去搜索这些信息，那您直接可以把会谈日期踢到一边了。至于销售职业，您也可以放弃了。如果销售员不打算把这些最起码的准备工作做好，那他必须问问自己，每天究竟在做些什么。

收集客户公司、谈话伙伴或交易决策者的信息，是您在为一次客户会谈量身定制战术时不可缺少的前提条件。与之相对应的

---

① Facebook，美国社交网站，常译作脸书或脸谱；LinkedIn（领英）是全球最大的职业社交网站；XING 是一个以就业为导向的德国社交网站。

销售技巧当然也包括在内。特别是在面对大客户时，或身处投资品领域时，也就是当大量的销售额向您招手时，这种准备更需要如侦探工作般复杂：客户公司的决策路线是怎样的？有哪些人属于"非官方"的决策者？在这个公司中，哪些人支持我，哪些人反对我？决策是由个人还是由委员会作出的？

与此同时，也不要忘了自己已经拥有的忠实客户。和重要的新客户相比，他们应该获得同样的重视。您越是了解自己的老客户，您和他们以及他们公司之间的关系就越紧密。充分了解客户，是构建信任的行为之一，这可以帮助您以独特的方式靠近您客户门下的对话伙伴。比如在他生日那天寄一张亲手写的私人贺卡，就是一个很体贴的行为，因为这显示了您对他的重视。这种构建信任的行为，可以强化您和老客户之间的关系。精明的人际关系管理，意味着紧紧地将客户留在自己身边。

顶级销售员以挺胸抬头的姿态进入商谈：我在离开客户的时候，一定可以拿出最棒的成绩，因为我完成了自己的作业，并在精神上百分之百作好了商谈的准备。

34. 不要害怕打电话

手指突然动弹不得，电话上的数字键变得如细菌一样小，听筒仿佛有 30 千克重，手软得像果冻，根本拿不起听筒，更不要说把它举到耳边了。此情此景您经历过吗？您也属于那些"宁可冲上半个小时冷水澡，也不愿意做 30 分钟电话营销"的销售员吗？

为什么这么多销售员都会在给潜在客户打电话前吓得尿裤子？给家里的爱人，或者给单位同事打电话，那简单得不用说。但当电话那边是新客户的时候，即便拨号的过程都需要超人的意志力来支持。

毫无疑问，在赢得新客户的过程中，电话是最快、最灵活、最有效率的联络工具。在陌生客户问询方面，如果致电频率够高的话，电话绝对是将邮件、登门拜访等其他方式甩出一大截的最佳选择。没有任何其他工具可以帮您在这么短的时间内，以这么小的代价，联络这么多客户。

特别是当您想约定会面日期时，电话绝对是不应被抛弃的途径。的确，在电话约谈的过程中，您只有短短几分钟的时间将客户吸引到自己这一边。您必须要很快让客户相信，你们会面能给他带来益处，尽管您只能通过自己的嗓音、用词和论据来做到这一点。这同时也意味着，您只能通过客户的嗓音、音调和表述来判断他状态如何，他是怎么想的，以及他的情绪好不好。

以上这些已经属于更高层次的销售艺术了，但您正期待着挑战呢，不是吗？在这里，"不做作业，一无所得"①这句话依然适用。

---

① 这里作者玩了一个文字游戏，原文为"Ohne Hausaufgaben läuft nix, auß er deiner Nase"，也可以直译成：不做作业，除了你的鼻涕以外，什么也流不出来（发生不了）。

目标明确的、针对客户个性需求的准备工作，在电话约定会面日期时是至关重要的。

在您拨号前，请先收集客户及其公司的事实性信息，例如规模、市场地位、针对人群、业内的竞争对手、谈判对象的职位和决策空间以及其他信息。这些都是最基本的，也是销售员分内的工作。在这之后，您还需要为自己，也为电话另一边的客户营造一个舒适的对话环境：

　　*找一个安静的地方打电话。避开街道的噪声、大声说话的同事、收音机、就餐声以及其他干扰因素。

　　*戴着耳麦，您可以更自由地活动，边做手势边讲话，将自己全部的性情带入到谈话中。您会吃惊地发现，您站着打电话的时候会表现得多棒、多么有创造力。

　　*保持微笑。您应该在通话时显得放松、坦率，但同时也展现出清晰而坚定的态度。

　　*专注于您之前通过搜索发现的那些客户积极的方面，以及客户在短短的通话过程中给您留下的积极印象，比如他友好的寒暄。这样，您可以避免因为客户的噪音、发音和方言而对他产生偏见。

　　这样的准备工作可以给予您在与潜在客户通话时所需要的安全感，让您不必在通话后因为出汗过多而不得不去换衬衫。以上这些能力，如果搭配上与助理或决策者通话时正确的开场策略，以及应对拒绝的方法①，您便可以轻松地、信心十足地与潜在的新客户进行例行通话，同时也把赢得高质量会面机会的技能牢牢地攥在手里了。

35. 女助理并非不可逾越的障碍

接待室之龙、女性防火墙、通向经理之山的铁路桥、拦截机、灰衣主教、部门警笛、悍妇……公司中似乎没有哪种女性职员能像女助理这样，获得如此多的"友好指数"或高或低的别称。这里提到的女助理，包括公司董事、总经理、部门经理、项目经理以及团队经理的助理。

对销售员来说，女助理同样可能成为一道无法逾越的壁垒。但如果销售员已经为问询电话作了精心的准备，并在准备期间为能成功走进接待室而想出了合适的策略，那这个壁垒并非无法逾越，因为女助理的本领还是可以预测的。关键在于，您要让她感受到您的亲和力或者您的重要性。亲和力在这里有两层含义：您要在电话中表现出自己的亲和力，并能让她感受到您的亲和力。重要性指的是，您对她的经理如此重要，以至于她必须把电话接通到经理那里，否则她一定会被经理痛斥一顿。面对助理和面对客户时，

---

① 详见第 35，36 章。

有一点是一致的：如果您通过自己的为人，为自己争取到了对方，那您同时也成功地为自己的工作争取到了对方。

体贴策略：如果您能让她参与到合作中，那你们就能团结一致了。您可以将她称赞为时间管理专家："×× 女士，您对 ×× 先生的时间安排比他自己还要熟悉，不是吗？为了让我和他不再彼此错过，请为我们安排一个我可以电话联系到他的时间吧。周二上午 10 点，您觉得如何？"

重要性策略 1："您好，×× 女士，请帮我接通彼得·穆勒的电话。劳烦您跟他说一声，×× 正在等他的电话。" 这样的出场会给助理留下深刻的印象，因为您开门见山地表明了自己的目的。您的表达一方面要清晰流畅，干脆而明了，避免结巴和语无伦次；另一方面，您的话语也要显得友善，有亲和力。您的自信，仿佛就要从听筒中溢出，助理一定能清晰地感受到。

重要性策略 2：您要让助理觉得这次通话涉及一件非常紧急的事情，紧急到容不得任何耽搁："请帮我给 ×× 先生的桌子上留个条子。我的名字是 ××。事情关于……"您可以问一下助理，哪个通话时机是最好的，她的经理什么时间最容易联系到；或者最好您自己推荐一个通话时间。

重要性策略 3：在和助理交谈的时候，假装把她当成是那个可以做出决策的人。给她提一个问题，而这个问题涉及特别的专业技能，因此只有真正的决策者才能回答。如果助理不能回答您的问题，那她别无选择，只能为您接通经理的电话了。

这些策略，只有最坚决果断的助理才顶得住。

无论您采取何种策略，记着：永远都要询问经理的分机号！

36. 好的开始是成功的一半

您已经攻克了女性防火墙，巧妙地避开了拦截机的拦截，英雄般地摆平了"接待室之龙"。现在，陌生客户问询中的下一个考验出现了：您需要一个强大的开场，来展开与电话对面那位决策者的谈话，那位您一直想通过电话联系到的人，他是您进入新客户公司的大门，是您维持一段长期客户关系，并获得可观销售额的关键因素。现在，就用一段您原创的开场白，来让您的客户大吃一惊，并唤起他的好奇心，甚至他心中的那份贪婪吧。您的交谈伙伴会感谢您，并尽可能快地给您一个具体的约见日期的。

销售员："您好啊，客户先生，这是一个问询电话。"（销售员不再说话，而是开始在心中默数：1，2，3……）

客户（笑）："您真是把我逗乐了。有什么事呢？"

销售员："客户先生，您能追问，真是太好了。为此我就开门见山了，我想赢得您作为新客户。您觉得 XX 号见个面怎么样？"

这样的开场，您的客户绝对是预料不到的，所以他目瞪口呆。您已经将这位被逗笑的仁兄拉到自己那一边了。接下来您要做的，就是继续表现得直接、坦率、诚实，继续保持本色，不说废话、不使计策、避免空洞的口号。您的客户喜欢您这样，所以他在面对您的会谈申请时也会表现得很坦诚。

关于话引子，这里还有三个例子：

* "客户先生，我是××。我们彼此还没见过面，但我想改变这个状况。我能为您提供的见面时间是××。"

* "客户先生，您排在我客户期待名单中非常靠上的位置。如果我们可以见面的话，我便可以确定我们在××领域是不是适合成为您的合作伙伴。我为面谈提供的时间是××。"

* "客户先生，在您面前我就直奔主题了，如果您下次考虑尝试一款新软件的话，我们很期待成为您心中的第一人选。我能为您提供的见面时间是××。"

重要的是，您需要亲自为您的开场白创作属于自己的，符合您销售个性的段子。如果您想在一波电话问询后收获满满的会面日期的话，那段子的真实度和可信度就是决定性因素。

此外，如果您搜索许久却还无法得知决策者的姓名，下面这个销售员锦囊也许可以帮到您。假如您的对话伙伴在汽车行业工作，您可以先打电话给总机："早上好，我是马丁·某某，您能告诉我贵公司在慕尼黑分区的首席财务会计师是谁吗？我想知道他的姓名，因为我想……"如果您接下来能与首席财务会计师通话的话，您可以继续尝试：

销售员："胡贝尔先生您好，我是马丁·某某，请问您也在梅赛德斯公司的销售部工作，并担任慕尼黑分区的首席财务会计师吗？"

客户："是的。"

销售员："胡贝尔先生，那我们都是在销售行业工作的。现在这行真的不太好干了，您懂的……请问如果我想谈 XX 事情的话，您这边统揽一切的那位先生是谁呢？"

"我们都是在销售行业工作的"就是那句决定性的描述，因为您用这句话向对方传递了如下信号："我们是同行，我们的关系是平等的。你和我，都是对自己工作了如指掌的行家。"

37. 不要在缺少应对拒绝的策略时，就开始电话销售

其实在陌生电话问询时，经常出现的拒绝用语一共也不过十来个，而且它们中的绝大多数在每个领域中都是一样的：

* "没兴趣！"

* "没时间！"

* "没钱！"

* "我再考虑一下。"

* "不需要！"

* "您晚点再打一次吧！"
* "把您的材料或宣传册寄给我吧！"
* "我们已经有供货商了。"
* "我们的中央采购部负责这件事情。"

在决策者遇到陌生问询电话或者约见申请，并尝试把电话另一端那位打发走时，上面那些应答中的绝大多数应当算是"标准曲目"了。它们能长期发挥效果，已堪称经典。如果您没有准备好应对的策略，就开始打陌生问询电话，那就好比您多年来都只在浴缸中哼小曲，但突然有一天想去米兰的斯卡拉大剧院（Mailänder Scala Opernarien）高唱一首咏叹调。您当然需要有针对性地准备应对这些拒绝，不仅仅是掌握那些一般性的回应，而且还需要那些与决策者以及他的公司和工作领域所搭配的表达。想想吧：您只能用您的嗓音、措辞和论据来在几分钟之内让决策者确信，和您约个时间面对面谈谈能给他带来益处。如果决策者想很快在电话中把销售员甩掉的话，这里有几个历经考验的方案可以推荐给销售员：

首先是一个顶级且万用的解决方案，这个方案是对付拒绝者的全能武器："客户先生，我祖母曾经说过：'我会观察每一款产品，因为它可能就是我会用一辈子的那款。'请即刻试试我们的产品吧！下周四一起喝杯咖啡如何？"或者，"客户先生，我们的交谈对您无论如何都有两个好处。您要么可以确定，目前的供货商对您不错，要么可以为未来找到一个更好的方案，我为您提供的见面时间是……"

还有一个特殊方案在很多情况下适用："客户先生，如果您对我和我的产品期待至今，那您今天就真的'中奖'了。如果您愿意和我聊上一次，您就能得到'中奖'所需的那六个正确的号码，外加一个特殊号码，还有您工作领域中亟需的解决方案。我为您提供的见面时间是下周四。"

下面这把万能钥匙特别适用于顽强的拒绝者。您要让他知道，作为销售员，顽强同样也是您最突出的特点之一："客户先生，您让我的工作变得不那么容易。您肯定是想测试一下我究竟是不是过关的销售员，是不是真的对您感兴趣并会在此时坚持下来。这两个问题我都可以用'是'来回答。我是这个行业中最棒的销售员之一，并非常有兴趣将您变成我们的客户。您的测试我已经通过了，不是吗？那我下周四去拜访您一下如何？"

另外还有一个方案，您可以邀请谈话搭档做一个思维实验，在实验中，他将以销售经理的身份接受测试："客户先生，请您想象一下这个场景：您的一个销售精英对您说，他有一位客户排在他理想客户清单中非常靠前的位置，但这位客户却强烈地排斥见面交流。您这时会如何建议您的销售员呢？是放弃，还是礼貌并顽强地坚持下去？我的选择是后者。那下周我们见面认识一下如何？"

38. 没有销售谈话前的准备工作，便什么事也谈不成

没有什么会比准备不足的销售员显得更不职业了。无论是与领导或是团队，还是和客户一起，谁如果曾亲身经历过毫无成效的会谈，那他心里肯定清楚，不做准备就去赴约，简直就是浪费时间。然而更严重的是，如果销售员不提前做好准备，那他心里绝对不会踏实。他的不安全感会被客户发觉，而这注定会影响到随后的价格谈判。这对您的销售额和利润而言，肯定是个打击。如果您无法和客户势均力敌，那您将会陷入为自己辩解的压力中。您会被逼入守势，斗争只是为了能让自己全身而退，但交谈的主动权您却无法夺回。

那些在打陌生电话问询前，或与潜在客户初次见面前要做的细致的准备工作，在您与老客户打电话或面谈前也一样需要。即使你们已经相识多年，并对彼此有了发自内心的好感以及充分的信任，您也必须认真地、彻底地完成自己的家庭作业。请不要对自己能否通过客户安排的"技能考试"产生怀疑。

在您给客户打电话或者开车拜访他之前，请作好准备工作！请认真阅读您和客户的往来信件以及自己的笔记，并将客户的资料升级到最新版本。请把以往与客户的交流都在脑子里过一遍，想想自己都做过什么，哪些事情完成得比较顺利。因为如果一件事在客户那里成功过一次，那它就能成功第二次。

您应该准确地记录自己的行事方式，并在客户面前保持一贯的态度。如果在下次见面时，您的销售和谈话策略来了个 180 度大转弯，那么客户摸不到头脑，对您来说已经是最好的结果了。一般情况下，客户会意识到您前后的矛盾，并会尝试从中获利。您当然也不应该在每一个细节上都墨守成规，而是要保持必要的灵活性，以便在谈判形势变化时也能够从容应对。

此外，您要为自己制定谈话策略。思考一下，您怎样才能和客户一起打造出那个只属于他的解决方案，并坚定不移地引导客户完成交易？您的客户期待着什么？他是怎么想的？请将您要用来说服客户的论据，以及您需要提前考虑到的客户异议都写下来。

您在议价过程以及交易末期都需要哪些销售策略？尤其是当您可以预见定价过程将会很艰难时，您更要提前确定您的目标价格能达到的最高价是多少？价格的底线又在哪儿？如果您无法满足客户降价的要求，那您又该如何回应客户？

还有一点也是专业的准备工作中必不可少的：您要提前确定，有多少人会来参加您的产品展示会。为什么？因为每个参与者都应该得到一套您产品的样本、模型或宣传赠品。如果最后有一个人不得不空着手走，那岂不是太糟糕了。

十次失败的销售，有九次都是因为准备不足。

39. 迟到就是惩罚自己

永远不要在赴约时迟到！当然，我们小的时候就知道，准时是一种美德。尊重客户，意味着我们需要准时出现在约定的地点。

和其他行业相比，"准时"对销售员来说意味着更多：谁来得太晚，生活便会惩罚他。如果您在第一次谈话时晚于约定的时间出现，那这个客户对您来说已经告吹了，至少当他就是决策者本人时。如果您第一次见面就不能准时到来，那他会对您有什么看法呢？信任度归零，可靠性完全消失，订单灰飞烟灭。更倒霉的是，您为您的竞争对手做了一次"斜传球"，因为您已经为他铺平了道路。

当然，各种不如意的情况都可能出现：混乱拥堵的交通、突然结冰的路面、红灯、讨厌的司机、交通事故……可以有千千万万个理由，但没有任何借口。针对这些情况，您可以利用导航、天气和路况播报，以及其他预报工具。不要带着借口去见客户！这一条没有任何例外。

让自己像长途飞行之前的飞行员一样准备行程吧。起飞前全面详细地检查，是飞行员的例行工作。他们必须在每一次起飞之前都一遍又一遍地检查，这种做过成百上千次的频繁的检查，早已融入了飞行员的骨髓和血液。他们每次都会静下心来在脑海中过一遍接下来的行程，并会一遍又一遍地检视自己的飞机。

当然了，飞行员的准备工作关乎几百人的安全，而不仅仅是一个约定的时间，这一点毫无疑问。可这难道就是放松自己，不为拜访客户的行程做计划的理由？难道您愿意将一次成功谈判的命运交给意外事件，而不是计划？

如果您要为您的展示提前准备什么的话，比如手提电脑、投影仪、产品样本等，那您需要确保自己能提前进入您做产品展示的房间。只有当您平静地准备好一切时，您才能感受到房间的空间是多么狭小，或者多么宽敞开放，您的展示需要在多么亮或多么暗的光线下进行。细心的准备能体现出您的专业，这句话在这里同样适用。

相反，绝对不专业的做法是，当着您的客户启动电脑，并强迫客户经历一场极度折磨人的等待，直到您把一切准备好。难道还有比这更悲惨的吗？

没有什么可以阻碍您专注于自己的客户、销售谈判和交易。为了能让您以最佳状态面对客户，一切都必须被干净利落地准备好。这几步提前操作简单至极，但却有不凡的效果，因为在客户面前，这些准备工作标志着您不仅专业，而且值得信赖。

这些针对约见的、切合实际的准备工作，与您的家庭作业（收集数据、制定交谈策略）和您精神上的准备（将自己调试到成功模式）一起，构成了销售成果的根基。同时这些也是让您能够进入状态的基本保证，并让您能够成为自己期待的那位最棒的销售员。

40. 顽强让优秀的销售员实现目标

在德国，有很多的订单其实是被错过了，而不是被签下，因为绝大多数销售员总是过早地在客户面前放弃。他们缺乏执行力、动力、激励对方的能力、纪律和意志。他们没有一次次，然后再一次次尝试的决心。他们让自己过早地泄气。他们被客户的"不"字弹了回来，然后便倒在地上一动不动，而不是再一次站起来继续前进。简而言之，平庸的销售员那口"气"不够长，他们没有继续坚持下去的耐力。

销售员在客户那里能获得的最惨的位置，就是无利可图的"中游地位"，也就是俗话说的"马马虎虎"。看看吧：普通的产品、惯常的介绍、平淡无奇的报价、不温不火的订单、马马虎虎的佣金、没什么亮点的客户，当然还有平庸的销售员，这有什么问题吗？

我们都知道的，维持增长最大的保证，一方面是问询争取新客户，另一方面便是在老客户那里将交叉销售和追加销售的额度提高。其实销售员是从客户说出"不"之后才开始进入状态的。"不"，意味着还需要一个激励。放弃绝不是选项！作为销售员，您可以拱手让出的，只有要寄的信件和包裹。将目标，即完成订单放在心上，并礼貌但坚定地留在客户身边，是唯一一条能让销售员长期成功的道路。

客户："销售员先生，对我来说这一切太快了。您在我面前真是太顽强了。"

销售员："客户先生，谢谢您的赞美！现在为了争取让您成为我们的客户，我不遗余力地投入，而今后只要您需要我，我也一定会随时出现在您的身边，就像今天一样坚定。客户先生，能在身边拥有一位强大的销售员（来解决售后问题），难道对您来说不重要吗？"

如果您作为销售员，每周没有至少一次被客户描述成"太过顽强"，那您一定还有提升的空间。对更多事物的尝试，以及突破自己极限的勇气和意愿，也属于需要提升的对象。有时候，销售员需要敢于在能够准确推测结果之前尝试一些事物。如果您不努力接近自己的极限，那您怎么能知道它究竟在哪儿呢？

举个例子吧。如果您尽管做了详尽的准备并拿出了最佳的表现，但最后依然没有在电话中达到自己追逐的目标，比如获得第一次面谈的机会。那您此时一定不能投降，而是应该立即对客户进行一次简短的潜力评估，因为只有这样，您才能鉴别客户的质量。礼貌地结束谈话，并准备好重新联系客户。带上自己积极的心态和礼貌的坚定，再尝试一次吧！坚持到底！

第三章

你就是你自己的品牌设计师

41. 无法引人注目，注定要被淘汰

您只有做到第一名，才能以专家的身份在您的行业中，或者以销售员的身份在您的销售领域中生存下来。您的信条应该是，我的身份就是数字中最小的那个，即第一。

如果您想取得一番成就，那您需要在从事的领域中树立一块自己的招牌。注意，这里有个显而易见的道理：比起您的专业资质，您更容易因为自己的招牌而出名。您快速传播的名声才是决定性的，而不是那些"杀死客户的书呆子"拥有的特质。

只会罗列产品特征的销售员、执迷于细节的老学究、倾向于利用过量信息杀伤客户并喜欢提供马拉松式问询服务的销售员、逃避交易的人、从不倾听客户而只愿对着客户侃侃而谈的话匣子，上面这类人，自认为能以"专家"的身份而被客户所喜爱，但他们的专业知识并不是客户需要的。客户需要的是每个销售员属于自己的招牌，那块代表了销售员真实性和可信度并能点燃客户热情的招牌。您那块最真实、最自我的招牌又是什么呢？它就是您的姓和名。

"我的名字是马丁·林贝克——马丁·林贝克。"无论是在

电话里还是面谈时，如果您这么介绍自己，您就给了谈话伙伴两次听到您姓和名的机会，并且您还为自己赢得了额外的好感加成，因为对方不仅知道了您的姓，还知道了您的名，没有什么比这更亲密的了①。这样介绍自己，定能给对方留下印象。

当人们听到您的名字时，他们会想到什么呢？您喜欢哪一行，就让自己成为这一行的专家吧——不要成为产品使用活指南、产品宣传单分发员，或者对幻灯片痴迷的人，而是成为能够令人信服，并充满热情地介绍产品独特的增值空间、优势和益处的专家。

您应当专攻那些您真正擅长的领域，并为自己规划好一个范围清晰的客户群体。如果您能表明自己代表了哪个领域，您的客户和同事就会继续推荐您。被点燃热情的客户，会渴望夸赞自己获得的优质联络："我手头有一位销售专家，在这个领域，他绝对是一个标志！"您要利用客户的渴望，并将这种口口相传经营下去，因为您知道的，没有比推荐营销更划算、更有效的营销方式了。

您可以通过加入自己专业领域的协会和社团，来为自己建立积极的联络。您也应该时不时关注一下 XING、Facebook 和 Twitter 这类社交媒体平台。了解您工作的人越多，您获得的宣传便越多，这就是公关工作。如果您能在一些自发的社会组织中发挥作用，那上面那句话会更加贴切。您做了好事？那就把它们说出来吧。

---

① 德国人在初次商务会面或打电话时，自称经常只使用姓氏，不说名字。

　　哪类人长期来看可以取得更大成就呢？是拥有一块过硬的、魅力四射的招牌，但还只能算是普通的销售员，还是仅拥有普通招牌的强大的销售员？答案很明确。然而这里还有提升的空间，强大的销售员加上过硬的个人品牌，才是无法被打败的组合。所以，让自己变成最棒的销售员，并为自己打造一块独有的招牌吧。

42. 找到属于自己的品牌商标

　　每一位顶级销售员都有自己的一套装束。这里说的并不是肩章、贝雷帽、勋章以及其他属于军人的佩饰，也不是警察、消防员或者医护人员的工作制服。我们通过军官、消防员和医护人员独有的区分特征，一眼就能辨认出他们的职业，这些区分特征包括他们的装束，也包括他们的举止。

　　是的，销售员也有属于自己的"制服"。它最好是一款合身的名牌西服，让销售员即使开了很久的车也不至于带着一身褶皱去见客户，但这套西服本身并不算是明显的区分特征。您需要属于自己的，能让您与众不同的标识。当客户或同事看到您的时候，您的标识应当迅速触发他们的一系列联想："那个就是彼得·穆勒，那个随身带着万宝龙钢笔的家伙，钢笔上还有'销售出自热爱'这句话。你认识他吗？"

　　您如何将自己和其他的销售员区分开来？哪些特征能让您被

重新认出？是什么让您无法被模仿？您有哪些可爱的，能让您变得更有亲和力的小爱好呢？您没能一下子就想出答案？那您就问一下您的爱人、朋友和领导吧。下面这几个例子，也许能给您一些提示：

＊拉里·温格特（Larry Winget）是一位来自美国的个人性格培训师。他总是披着一件伐木工人衬衫，穿着一双牛仔靴，从观众席的侧面登场，并用同样的开场白挑衅观众："你们知道吗？你们气死我了！"显然，这样的出场是不适合销售员的，尤其是第一次和客户见面时。然而同样毫无疑问的是，拉里·温格特已经从千千万万个美国的个人性格培训师中脱颖而出了。挑衅就是他的标志。《闭嘴、停止哀诉、好好谋生》（Shut Up, Stop Whining & Get a Life）只是他一本书的书名而已。如果提到"个人发展领域的斗牛犬"还无法让人马上联想起他的话，那他真的应该为这个称号注册商标了。

＊卡里姆·哈什（Karim Hashemi）是美国运通公司（American Express）的顾问。哈什的销售谈话如教科书一般：登场、需求分析、产品展示、客户利益论证、异议处理、价格商议……一切都很完美，客户也一直在毫不犹豫地跟随着他的步调。然而特别的是，他并不会继续引导客户越过终点线，达成交易，而是每次在客户会谈的最后都会说："您再休息一晚，如果您明天早晨感觉依旧不错，依旧觉得我就是您需要的那个投资顾问的话，您再给我打电话吧。"您觉得哈什第二天会接到客户的电话吗？他的标志便

是他的延迟战术，这个战术只会继续坚定客户对拥有的渴望，并给了客户只有这个方案才合适的感觉。哈什将这个很多平庸销售员都有的明显缺陷，塑造成了自己的标志。但只有当他在终点线上突然转弯之前，已经通过自己的举止、品牌、专业知识以及激励客户的本领成功地赢得了客户时，他的这一招才能奏效。

*霍尔格·博希尔豪斯（Holger Brillhaus）是我的一个关系不错的熟人。他总是用下面这句话和客户打招呼："客户先生您好啊，我是霍尔格·博希尔豪斯，销售行业的挑战者，世间独一无二。"这句宣言能带来什么呢？博希尔豪斯 = 挑战者 = 唯一一位真正的销售员。这说明，个人品牌的塑造也可以通过一句富有激情的、独一无二的口号来完成。而且，这个挑战者的形象永远不会死去。

43. 如果您能跻身专家的行列，您在客户心中就是第一

我们所有人都暴露在过度的刺激中。每天都有上千条广告消息向我们袭来。我们每天都会被"带走我吧！""买下我吧！""你需要我！"这类的请求轰炸。您的客户当然也是如此。您应该做什么，才能防止自己在大量的购买建议中沉沦呢？您应该怎么做，才能让自己区别于竞争对手以及他门下的销售员呢？再进一步，您应该如何行动，才能让客户在脑海中迅速将某件产品与您和您的公司联想到一起呢？

如果您能跻身专家的行列，那在客户的脑海中您就是排在第一位的。当您在餐桌上想给汤加点调料时，您首先会想到哪款产品呢？要买餐巾纸的时候呢？当然，这个"第一选择"清单还可以无限拉长。最重要的是，正如您的产品一般，您可以同时将自己本人作为"第一选择"销售给客户。

您应该在自己的专业领域做报告，并定期在专业期刊中发表文章。之后，波及面广泛的媒体报道便会自然而然地到来了。您可以定期给老客户发送您的文章，以及关于您的媒体报道。这类公关工作的效果便是，您可以确信客户会将您作为知名专家来看待。而客户从中获得的安全感，可以让他们很容易地利用每个可能的机会向别人推荐您。

"老客户信任函"则是另一个强悍的、效果显著的计策。当您给潜在客户发送第二次约见的确认信时，您可以附上那些对您满意的老客户曾做出的评价。当然，您要通知您的老客户，这些潜在客户可能会给他们打电话问询。如果您的潜在客户真的打电话了，那您拿到订单的概率就是100%了。

做那些对自己有益的事，并把它们告诉您的客户！然后，您在客户的心中就是第一了。

44. 没有社交媒体，便无法跻身专家行列

为了能让自己出名，您除了能在专业期刊中发表文章，还能做些什么呢？如果谁想在今天让自己名声显赫，那他绝对是绕不过社交媒体的。

"社交媒体"这个概念早已不限于全球闻名的 Facebook 和 Twitter 了。针对每个想发表自己言论的人、每个目标群体、每个主题和目标，都存在合适的在线交流平台：您可以在论坛中，以及在 XING、LinkedIn、Facebook 和 Co 的群组中发表关于自己主题的内容；还可以在 SlideShare① 中发布您的产品展示；您可以拍摄小视频，比如包含客户对您评价的或客户调查题材的视频，然后把这些视频上传到 Youtube；您还可以为新闻网站《赫芬顿邮报》（The Huffington Post）撰写一些文章，然后把它们同时发表到 Scribd 和 ISSUU② 上；您还可以……

您是不是还可以开一个销售员博客？除了那些涉及产品和领域的专业信息，你一定还有别的东西可写吧。您的身份首先是拥有强大技能和丰富经验的销售专家，那就为此写点什么吧！先给予客户一些东西，然后才可以索取——这条销售工作中的规则，同样也在社交媒体的世界中适用。您首先在博客中为客户提供一

① Slideshare 是一个国外的幻灯片和文档分享网站，目前已被 LinkedIn 收购。
② Scribd 和 ISSUU 均为国外的在线文档共享网站。

些有趣的、信息充实的，并有一定娱乐性的内容。之后，随着时间推移，您的报酬，即您作为专家的威望，便会自然而然地到来了。

无论是论坛和群组中的文章，还是 Youtube 里的视频，无论是博客宣传，还是邮件营销中的简报，有内容的东西总是可以打败无聊的广告。您不需要昂贵的广告战，因为在线营销为您提供的可能性几乎是无限的。这里有无数的免费媒体网站，其中包括了一些针对某个领域和主题的网站，您可以在这里发表自己的文章。

但您要记住：社交媒体也同样不能代替您问询新客户，这项任务您必须亲自完成。因为新客户问询就像杯底的浓缩咖啡，推荐营销则是杯中的奶泡，而社交媒体则好比是卡布基诺咖啡顶上的可可粉。

新媒体和当代社交平台为您提供了巨大的机会，让您作为专家提升自己的名气，并在与竞争对手的角逐中占据有利位置。那么，就请利用在线市场和在线公关提供的无限可能吧。

45. 推荐是为您赢得新客户最好的方式

如果你能点燃客户的热情，那您就能拥有自己的招牌，并能在自己的领域中跻身专家之列，之后您就会像一块令人无法抗拒的磁铁一样，不仅能吸引您的客户，还能将客户的生意伙伴、朋友和同事也一起吸引到自己身边。

因为那些被您打动的客户都是您最勤劳的推荐者，所以，不需要您再为此额外做什么，新客户便会直接来到您的身边。问询、营销、公关？您可以安心地忘记它们了！您已经把这些都甩在了身后；因为和最巧妙的营销策略、最理想的公关活动，以及最机敏的新客户问询（电话或走访）相比，口口相传会显得更给力，效果也更好。

推荐，对销售员来说不仅仅是最好的赞赏，也是最廉价却最有效的赢得新客户的方式，就像一块红地毯，引领您走进潜在客户的办公室。您不需要对别人说自己是一个出色的销售员，因为这项工作，热情的老主顾已经帮您完成了。您的信用已经穿透了潜在客户的天花板。您收获了一份预先的信任，这份信任比任何混凝土都坚硬。

继续推荐您的人，一定100%确信，您同样可以为他的商业伙伴提供令人无法抗拒的产品。您的客户当然希望利用您的销售技能、可信度和专业精神，为他的生意伙伴、朋友和同事做些好事。简而言之，他不仅推荐了您的产品，同时还推荐了您的人格，而这才是最重要的。

另一方面，那些推荐您的客户，也希望在他自己的生意伙伴、客户和同事面前扬眉吐气。您是他展示自己能力、提升自我形象的"工具"。这对您来说并不怎么有趣，可这件事您得这么想：只有当您的客户100%信任您的时候，他才能真的达到自己的推荐目的，因为他当然不希望在自己的生意伙伴、客户和同事面前丢脸。而您则在联系那些对您感兴趣的新客户之前，已经通过这种方式被"预售"出去了。

46. 口头宣传并不是一匹不需要吃草的马

如果你认为口头宣传和推荐，就是能让销售员进入安乐窝的那张使用范围和次数都不限的万能车票，那您就大错特错了。在销售生涯中，没有哪条捷径能让客户乖乖送上门来，抢着从您手中购买您优质的产品和服务，然后给您留下一大摞支票。

在起始阶段，首先需要的是行动，而不是言语。零付出，零回报。听起来平淡无奇，却是真理。"先劳动，后享受"这句话在任何情况下都是对的。首先必须勤奋并坚定地问询客户，然后坚持留在客户身边为客户服务，只有您将老客户的热情点燃之后，第一轮推荐才会一点一滴地到来。关于个人推荐，如果您不想让这种口头宣传变成偶然事件，那您需要有针对性地询问客户。也就是说，问问客户，他会向哪些人毫不犹豫地推荐您和您的产品，他有没有这样的熟人。顶级销售员随时都会问关于推荐的事，一切都是那么的自然、简单、直接。

而平庸的销售员则恰恰相反，他们即使会问一下的话，也会在客户签下订单之后才开始问。他们担心太早询问关于推荐的事，可能会改变客户对交易的想法……这种明显的胆怯会吞没他们被推荐的机会。他们充满迟疑地嘟囔着："假如您可以继续推荐我的话，我将感到非常荣幸。"可说句实话，哪个客户愿意推荐这样一位胆小鬼呢？

"客户先生，如果您确信，我们的产品就是最适合您的那一款，您愿意让其他客户今后也能从中获益吗？"请早早地将这类问题嵌入与客户的谈话中，这样，您便提前和客户完成了一个继续推荐您的约定。如果您之后再提到这件事，客户也不会有被"突然袭击"的感觉。而且您同时也给了客户思考的时间，思考一下他还有哪些生意伙伴、客户和同事能从您的产品中获益。

但这种主动的推荐营销也会为您带来一份责任。如果您被推荐给别的客户，那您也有义务花力气来经营这份关系。如果您忽视客户的推荐，那推荐您的人一定会非常失望，因为这证明了您不仅不把客户的推荐当回事，而且对他本人也毫不重视。这相当于踢进一个乌龙球的同时，还将自己罚下了场。

所以，您应该在最短的时间内告诉您的推荐者，他的生意伙伴、客户和同事对他的推荐是如何反应的，因为他过一段时间肯定会亲自找这些人来了解情况。或者，最迟当您下一次拜访他时，他就会问您，自己的推荐有没有什么效果。而这时您需要把情况汇报给他，否则，您瞬间就会将客户的热情转化成对您的失望。

充满自信地，但同时也有序且谨慎地经营您收获的推荐，推荐营销定能为您打开那些您自己永远也敲不开的门。

47. 细节并非意味着很多，而是意味着全部

每一位客户的生日都要表达一下祝福？在签署订单之后送客户一瓶上档次的红酒？圣诞节的时候花些小心思？是啊，当然，按规矩来嘛，这没什么大不了的。有什么能做的，我们就去做什么，难道不是吗？在客户的孩子过生日时也送一张能给他们带来惊喜的贺卡？客户的乔迁之喜也要祝贺一下？那我就可以在与庆典和礼品相关的服务业上岗了。这么做花钱又费时，而且总要想出新奇的礼物，本身就令人抓狂。除此以外，这些与我的工作又有什么关系呢？

如果谁是这么想的，并觉得对客户的这些关注都是过分的，那他一定没明白一个道理：在销售行业中，细节并非意味着很多，而是意味着全部。在特定的时刻不仅仅想着客户，而且也要将这种挂念表现出来，是专业的人际关系管理中重要的组成部分。同样关注客户工作外的生活，不仅能极大地提升您的亲和力，还能将您客户的激情点燃，让他们变成您的粉丝。

当然，只有您的礼物和祝福是发自内心的，这一切才能奏效。如果您仅仅像平庸的销售员一样，将那些口不对心的祝福从嘴里吐出，那客户便可以敏锐地察觉到您的真实态度。

以圣诞贺卡为例。汉斯·施密特开车到办公用品折扣店，买了四包每包25张的贺卡，因为100张起又有额外的折扣了。100张贺卡，包含着同样的低端设计和同样无聊的话语。您觉得，他

至少还是给客户寄了圣诞贺卡？好吧，可您觉得当客户把贺卡从信箱中拿出来后，会怎么对待它呢？撕开封皮，扫一眼贺卡，然后扔进垃圾桶。这张贺卡除了给客户留下了"他根本没花心思，这笔钱其实他也该省下"的印象外，什么作用也没有。

那您就做得更出色些吧！请制作一张属于自己的圣诞贺卡。至少您应该亲自为贺卡签名，而不是将自己的名字打印出来。当然，最好贺卡中所有的文字都是您亲笔写的。您要照管127个客户？那您该知道，十二月中旬您要为此腾出一整天时间了。

这些细节体现了差距，即维持模式化的客户关系和按照4M原则[①]用心呵护客户之间的差距。您不是售货机，您是一个人，一个可以销售产品的个体。那就请展示出自己个性化的一面吧！

48. 想赚别人钱的人，自己看起来也得值钱

想象一下这个场景吧：您是一个中型企业的老板，从事印刷行业的工作。您和一位打印机生产商的代表约定了第一次面谈时间，因为您为了拓展企业数码打印的服务范围，想买几台合适的打印机。您很好奇，对方公司的外派业务员会为您呈现什么样的产品，因为这家生产商在业内名声不错。您透过窗户观察着，您

---

① 4m，即您，必须，人，像。

的谈判伙伴是怎么把汽车开进院子的。通过车标可以确信，正开进来的那辆车就是他的，不会错。可车况看起来，就好像司机刚刚在街道另一端测试了自己座驾穿越护栏的能力……车的颜色要费半天劲才能辨认出来。"呃，也许今天天气太差了吧，再看看。"您心里琢磨着。两分钟后，您的同行上楼了。他那件不合身的西服，肯定不是量身定制的，西服外面还套着一件褶皱的雨衣，皮鞋的鞋跟也该换了，而且有几个地方皮子都磨破了。

您并没有很在意他的外表，因为您是想买打印机，而并非他本人，不是吗？好吧，继续。您的同行打开了他的手提箱，说得婉转一点，那个箱子不像是刚擦洗过的。他从箱子里拿出了文件，文件装在透明的保护袋里，那个袋子看上去就像牛奶的包装，已经被压皱了，估计是用过很多次了。文件都折角了，宣传册也被折过。他用的是普通的记事本，在 Staples 卖 0.99 欧一个，他的记号笔是在宣传活动时拿的，虽然带着 Logo，但却不是自己公司的，而是一家健身房的。接下来，他把自己的名片直接甩到了桌子上。名片也是普通的设计，在 Vistaprint 花 4.95 欧就能打印 100 张，这类网店的品质您是了解的。

挺有意思的故事，描述得有点夸张？也许吧。问题的关键是，您作为企业家，会为这位代表留下什么样的印象？您觉得自己作为潜在客户被重视了吗？您还有兴趣和他谈生意，并最终把成果凝结到订单上吗？还是马上就会和这位的竞争对手约个时间谈谈？如果您选择继续和他合作，那您真的会把他当回事儿吗？

　　当您穿着得体，并佩戴一些贵重的饰品出现在您客户的面前时，您展现出的是对客户的重视。注意，这里指的并不仅仅是第一次会面。您的客户可以看到并感受到您对他的尊重，这种尊重并不是平庸销售员那种卑躬屈膝的"尊重"，这种尊重，可以让双方彼此赏识，让对话平等地进行下去。换句话说，请用您尊重客户的态度，来同样尊重自己，让自己穿着得体，将您对客户的重视展现在他面前。

　　您无法再更改自己给别人留下的第一印象。您的谈话伙伴有可能在几秒钟内，就把您塞进一个您再也爬不出来的抽屉。您的穿着，永远都应该比客户期待得更加得体。

第四章

销售的成败在于你与客户的关系

49. 行事坚决，待人公平

无论是单打独斗的创业者，还是上市公司的董事；无论是小企业的经理，还是大企业的总裁；无论是三人团队的领导者，还是德国 DAX30 企业的部门经理；无论是收入拮据但还要养孩子的父亲，还是在富人区有别墅的企业主……顶级销售员对客户的头衔和出身不感兴趣，因为他们对每位客户的尊重都是同等的，并期待客户也能同样尊重自己，因为他们为客户付出了一切。

顶级销售员在销售时总是和客户平起平坐。他们行事坚决，但待人公平。他们既不会在客户面前降低身份，也不会觉得自己有必要去愚弄客户。即使坐在他对面的客户看上去并不能给他带来多大的销售额，或者正有一个大单向他招手，这单带来的提成足够支付他下一次去塞舌尔的疗养费，他们也会专注于眼前。因为此时在他们心中的，只有那份为客户准备的最佳方案。只有这件事是最重要的，而其他的因素，无论是博士头衔、最高层的经理、公司总部前停着的豪华轿车，还是一人公司、手工作坊、一辆开了十年的高尔夫汽车，此时都显得无足轻重。

顶级销售员无条件地渴望沟通，因为他们对客户的身份和地位不感冒。他们开朗、友好、有礼貌，并对客户抱有最大程度的好奇心。他们对客户有兴趣，因为他们知道，如果不这样，客户是可以察觉出来的。他们没有被柔顺剂清洗过，也不会像一只忠厚憨傻、一直有好心情的熊。销售工作并不像夜校的针织培训班一样无足轻重。如果客户在顶级销售员面前行使自己的"客户权利"，那他也必须要做好碰钉子的准备。如果他想在价格上打压销售员，那他作为客户也必须习惯听到那个"不"字，而这样的拒绝，他们在那些懒散的、毫无勇气的平庸销售员身边是听不到的。正是这样的直接和坦诚，让客户对销售员赏识有加，所以这样的人会逐渐成为客户尊敬的生意合作伙伴。

顶级销售员当然明白，他到达的层级越高，能接触到决策人的机会就越大；对方做出的决策越大，相应的预算也就越高；预算越高，他的销售额和利润也就越丰厚。他们也清楚，一项服务价格越高，参与决策的人就会越少，它的销售也就越容易。顶级销售员当然也是销售额和佣金的狩猎者，但他们并不仅盯着一个订单。他们的动力是，不断地激励客户，以便能将客户和他的公司留在自己身边。然后，销售额和佣金便会自然到来了。除此之外，为了能够坚定地支持自己的产品和公司，他们会针对每个客户做最周全的准备。他们要将实现目标的坚定意志带进谈话中，所以他们在自己面前也同样坚定。

对建立联系的渴望、尊重、坚持路线、对目标的执着——这样的态度让顶级销售员与众不同。让自己也变成令客户尊敬的合作伙伴吧!

50. 销售员好比助产士

神经语言程序学、交流分析、操控反射、认知失调、冰山模型、流体智力、消息叙述的四方模型……别担心,想要成为好的销售员,您不需要去大学里读心理学和交际学专业。但了解一些与客户购买行为有关的基础知识,明白客户为什么会下决心买,或者为什么决定不买,还是对您有帮助的。

七个经典的购买动机是:声誉、经济性、舒适度、最新技术水平、社会需求、环保以及健康。绝大多数客户并不会依照其中一个动机来做决定。一般情况下,几个动机联合起来发挥效果,才能对购买行为起到决定性作用,即便其中往往有一两个动机是最关键的。顶级销售员从这些动机入手,他们会带着明确的目标询问客户:"在采购时,哪些因素对您来说最重要? 您对我们的产品有哪些期待? 您会将哪些目标与购买我们的产品联系起来?"通过这三个以及其他类似的问题,销售员不仅能发现客户那些比较明显的需要,还能同时解码他们隐藏的需求,即他们的愿望、希冀、期待和梦想。客户会将这些隐藏的需求与自己的购买行为联系起来,所以这些都属于他们的购买动机。

购买动机是在感性的决定中体现出来的。这句话的意思是，购买决定的做出，需要遵从于那些隐藏在大脑边缘系统中的感情、本能和直觉。大脑要在事后才能对一次感性的购买做出理性的解释。在感性和理性的斗争中，感性总能笑到最后。

听起来挺有意思的，可这对我又有什么意义呢？您表现得是不是足够体贴，对购买动机各异的客户来说非常重要。顶级销售员不仅会询问客户的购买动机，还会参照问题的答案来搭建一个共同的感性基础。在这个基础上，双方的关系会变得更牢固，因为客户感觉自己被理解了。这种感觉能带来信任，而信任是一切的开始，难道不是吗？

好消息是，想赢得客户的信任，您并不需要那个沉甸甸的被理论知识塞得满满的书包。有些知识您是要带在身上，可当关键时刻到来时，您必须去做那些真正要紧的事：与客户共同去体验，并观察客户、倾听客户、询问客户、陪伴客户，让客户在销售谈话中敢于相信自己的直觉，最后还要全力支持客户。为了做到这些，您只需要明白感性在销售决策中起到的作用，以及您如何利用这一点，就已经足够了。

一个优秀的销售员，其角色就好比是助产士：有时候婴儿会自己出来，一下子就滑入助产士的手臂中；可分娩困难的时候，她也会用上真空吸杯和镊子。有时分娩要花很长时间，并且需要剖腹产，但到最后，所有的人都会为了婴儿的降生而开心。

51. 客户脑海中有很多个抽屉

回想一下上一次您和您的爱人一起看浪漫喜剧的情景吧。电影中包含的情绪、幽默以及完美的结局，让您心情愉快，笑个不停。真是一部让人看着舒服的电影。您的爱人看完之后是如何注视您的？他（或她）的眼神中一定充满了柔情。用心理学家的行话说，你们的情绪已经被电影中的浪漫和幽默促发了。

我们的大脑在工作时会偏爱样板和模式。我们的经验、回忆和信条，会在我们的大脑中搭建好一个个抽屉，而我们则会将自己的经历、交谈、行动等都装进这些抽屉里。和单独记忆每一个场景相比，这样的归类记忆对大脑来说更容易，负荷也更小，尤其是当大脑需要做出快速或复杂的决定，比如购买决定时。

利用促发效应，您可以激活客户大脑中的无意识机制，以提高客户在销售对话中做出特定反应的可能性：

* 在与潜在客户第一次见面时，您需要使用有积极意义的概念，比如可靠、信任、诚实、开放、成功、快乐、热情、创造、创新、安全等。您最好能在与客户见面之前，就将这些能触发对方积极联想的概念列成一张清单。

* 交谈时，请利用讲故事的力量。您可以通过自己的描述，在客户的内心中勾勒出下面这个场景："想象一下吧，假如您能为自己添置这台设备，那么……"然后您可以继续把这句话说完，并同时提到效率、速度、耐用之类的概念。

＊市场研究员发现，和最低购价相比，最高购价受到的影响幅度会大得多。如果您之前用一些大数字来促发客户的无意识机制，那您便可以拿到更高的价格，因为之前提到的大数字会诱使客户接受更高的售价。即使那些数字本身与价格毫无关系，客户也会在潜意识中将它们作为价格谈判的起始点。

＊"我打扰到您了吗？"如果您问询一位新客户时，用这样的方式开场，那您马上就可以挂电话了，因为您的交谈对象已经不由自主地将您的名字和"打扰"二字联系了起来。可谁又真的愿意去给别人捣乱呢？

＊您给客户递咖啡的时候，最好一直都用没有柄的杯子，因为客户需要用整只手才能握住杯子，而这会触发客户愉快的联想，比如联想到"温暖"和"惬意"。在一个关于促发效应的实验中，实验员约翰·巴奇（John Bargh）①将一杯热饮递到其中一组被试者手中，而另一组被试者得到的是一杯冷饮。接下来所有被试者都要以人事部经理的身份参与一次面试谈话。求职者的角色是由演员扮演的，被试者在实验时对此并不知情。最终的结果是，拿到冷饮的被试者中有58%的人选择聘用求职者，而热饮组的比例则是100%。

＊如果可能的话，您一定要带上产品样本去见客户，以便客户

---

① John Bargh（1955— ），美国心理学家，在耶鲁大学工作。

能够感受产品的形状、材质和颜色。

顶级销售员会下意识地使用以上这些语言信号、非语言信号和知觉信号。您同样可以利用此类心理学和神经营销学的常识来激励客户。好好利用客户脑海中的这些抽屉吧!

52. 好的想法固然好,但好的行动更有价值

坦诚相待、尊重客户、重视客户、有好奇心、有责任心、善于交际,如果以上这些特质可以体现您的基本价值观,那您在客户面前已经非常有吸引力了。但如果这些仅仅停留在观念上,那您无法利用您的吸引力来做文章。好的品行,当然配得上全部的敬意,但如果能有好的行动,您就更加出色了。顶级销售员会将观念转化成行动。

如果您能同时用自己的姓和名来介绍自己,那您会显得比别人亲近,并能创造友好的氛围。在打招呼时保持微笑,即使在电话中也是如此。在会面的时候走近您的客户,看着他的眼睛,给客户一种您期待与他交谈,并此时只为他一人而存在的感觉。客户也许会立即夸奖您的礼貌,但不会很快就赞赏您的友善,然而,您的魅力攻势定会给客户留下长久的印象。当然,客户同样会马上惩罚您无礼的举止,通过过分的要求,或者通过投诉。如果事

情发展得足够糟糕，客户甚至会取消订单。所以，将自己对客户的爱展现给客户吧。只要诚心诚意的友善，而不要被曲解的"职业距离"。

和预算计划中的赤字、领导的到来以及加班等相比，没有什么比错误的购买决定以及随之到来的后果更让客户感到害怕。所以，您应该借助老客户的评价、对客户360度全方位的关怀、无可比拟的售后服务以及其他能够建立信任的措施，给予客户必要的安全感。您应该让客户觉得，您就是那个可以为他24小时出现的人，那个在他需要时随时恭候的人。客户应该拥有这种美妙的感觉。

永远不要许下无法兑现的承诺。请记住，销售并没有在完成订单那一刻就终止。恰恰相反，您的工作在这时才刚刚开始。永远不要去夸那些您日后需要尴尬收回的海口。对客户而言，没有什么比被糊弄更糟糕的感受了。如果这样做，您相当于对着自己的膝盖开了一枪，因为您将永远失去这个客户，但事情还不限于此。您觉得，在如今的社交媒体时代，客户需要多久就能让整个业内都知道自己的愤怒呢？如果您不能满足客户的某一个愿望，那您应该保持诚实的态度。客户会懂得去欣赏这份坦诚。

最后，请感谢每一位客户对您的信任和推荐。同样，感谢客户的抱怨，因为这可以让您继续改进服务。但不要感谢客户的订单！为什么？因为你们是平等的生意伙伴，平起平坐，彼此尊重，共同寻找让双方都成为赢家的解决方案。成功的客户，只会与成功的销售员交易，难道不是吗？

请表现得礼貌而友善，请尊重客户，并给予他安全感——拿出好的行动吧！

53. 好奇心和解读他人的能力，将为您打开通向客户的那扇门

平庸销售员的做派：普通的并非量身定制的西服、仿皮的销售文件夹、更像是硬挤出来的微笑、软绵绵的握手、类似"您办公室真漂亮"之类令人尴尬的话语、依照模式化的问题清单完成的客户需求分析、按套路罗列大量细节的产品展示。我没说错吧？——是，没错，有一次见客户时的确是这样……呃，我忘了客户的名字了，他在哪个公司工作来着？

顶级销售员的行为：讲究的穿着、顶级的配置、坦诚并有亲和力的微笑、对客户的好奇心以及热切的期待、坚实有力的握手、不冗长的闲聊、借助客户需求分析直奔重点，而之前的需求分析，则是通过询问客户的个性需求和购买动机得出的。

之后呢？要让客户说话！客户应该说、说、说，而您应该听、听、听，然后观察、观察，再观察。客户是如何出场的？他如何移动自己的身体？他说了什么？最关键的，他是如何说的？在最开始的几分钟，你需要伸出所有的触角来接收一切信号。请注意细节：您的客户是否在乎讲究的穿着；他戴了昂贵惹眼的手表吗；

他的办公室是如何布置的；他坐在办公桌前的姿态如何；他说话的时候注视着您吗；他的声音是铿锵有力还是软弱无力？他是平静地讲话，还是在说话时语速很快。您能从以上这些观察中得出哪些关于客户性格的结论？客户是如何理解这笔买卖的？而这对您之后的谈话策略、产品展示、客户利益分析以及异议处理又有哪些意义？顶级销售员依靠自己的直觉，在电光火石之间就能获取此类印象，并将这些碎片拼成一张清晰完整的客户肖像。因为他们明白，自己越是认真地观察客户，客户就越重视自己；自己与客户的性格衔接得越好，与客户建立关系的速度就越快；这座关系的桥梁越坚固，自己在客户面前的亲和力就越强。没有亲和力，就没有买卖，至少不会有大买卖。

掌握心理学的知识是有好处的，但前提是要将它们有策略、有节奏地应用到谈话情境中。作为优秀的销售员，如果我们希望能和客户建立良好的关系，最终还是要依靠自己解读客户的能力。和将书本上读到的心理学知识强加进销售谈话相比，依靠直觉解读客户，并以此为基础进行销售，长期来看可以取得更大的成果。

原因在于，好奇心和解读他人的能力才是最重要的销售工具。没有这些，精心打造的产品展示和令人无法抗拒的成交技巧都只能是过眼云烟，发挥不出任何效果。为了能为客户提供无可辩驳的论据，证明他们能够从交易中获益，并最终促成让双方都满意的交易，优秀的销售员会理性地处理客户需求，感性地处理客户的购买动机，最终将二者完美地结合起来。

所以，我们首先需要倾听、观察、辨别、理解，然后再开始说话。恰当的说话方式，能确保客户可以明白您究竟在说什么，并能让客户在内心接受您的产品。所有的优秀销售员在与客户交谈时，都会从客户的理解出发，而不是从自己的理解出发。

54. 好朋友，明算账

每个销售员都熟悉以下的场景：我的客户同时也是我的熟人，有些好朋友也不知什么时候就成了我的客户。这层关系也可以反过来：客户盘算着能从您那边拿到一些折扣，因为向他推荐您的那位，和你们双方都是朋友。关系不错的老客户会以过去长期的合作为理由，明确地要求您提供一些"特别条款"。比如："我们都一起合作那么久了，你肯定可以再给我争取一些实惠，不是吗？"

现如今，不少客户都会很快向销售员靠近。这本身挺好的，因为作为销售员，您可以更容易地和这些客户建立关系。但如果客户要求销售员回报自己的直爽，但却没能真正意识到自己行为的本质，那事情就比较难办了。您会因此陷入良心的斗争中，因为您希望能够维持好客户关系，但又不愿意因此而弯腰。您和客户之间的关系越亲密，越容易陷入做出更大幅度让步的危险。因为当客户可以"充分"利用与您的良好关系时，他一定会试着去做的，比如从退货条款、价格以及付款期限等方面入手。

如果您以友好的方式对待客户，那么保持那段"职业距离"就会在越来越多的场景中显得困难，包括自己与客户的距离，以及销售工作和个人交际的距离。即使你们私下里已经很懂彼此，商业伙伴关系依旧意味着要拥有那段"职业距离"，以便你们能直言不讳，并彼此尊重：

* 友谊是友谊，生意是生意；
* 没有什么服务是不需要补偿的；
* 双方皆获利，才是交易。

在销售工作和条款方面坚持清晰、透明的行事风格，而私下则与朋友保持亲密，这并非不可调和的矛盾。恰恰相反，正因为您在扮演销售员角色时，能够立场明确地与客户谈论价格、退货期限和付款期限，并且不会区别对待客户，所以您才能在私下收获一份没有掺杂着错误期望的友情。

即使您和客户彼此之间已经很了解，您也不要去充当客户的"私人律师"，不要让自己陷入被逼着做决定的境地。究竟是否要接受您清晰明了、不会引起误解、在折扣方面没有含糊空间的报价，这个决定必须由客户自己作出。

私下的亲密有助于巩固您和客户的关系。在涉及交易细节时，坚持做出准确、不含糊的描述，则能创造清晰、透明的氛围。您与客户的关系越好，在交易时坚持自我、坚持原则，便显得越发重要。

55. 您散发的光芒，最终也会照回到自己身上

这世上当然会有一些让您很难办的客户，比如那些配得上"混蛋"称号的人。他们在寒暄的时候不会花力气站起来和您握个手，而是继续窝在自己的老板椅中，一边招手叫您走到他的办公桌前，一边继续打电话，即使您按照约好的会面时间准时到来。这类人会在电话里讲很低级的笑话，然后自己放声大笑。为了让自己能平静地结束通话，他们会让您等上十分钟。他们挂电话后的第一件事便是斥责自己的助手，为什么还没有把咖啡端上桌。

作为销售员，面对这种情况时，您有两种选择：

第一种：您琢磨着："我可不想和这样的人合作。"所以您站起身，与他道别，让他不知所措地待在那里。这么做显得立场坚定，但并非没有风险，因为谁知道这个客户在业内认识多少人呢？如果这个家伙按照他对您的第一印象来"宣传"您的话，那您很快就会有"傲慢销售员"的名声了。

第二种：您决定再给客户一次机会，并让自己继续与他打交道。这一方面意味着，尽管开局不利，但您依旧注意避免让客户意识到，他的出场给您留下了很差的印象。另一方面，这证明您仍专注于客户积极的方面，即使这对您来说已经很难。

您无法掩盖对客户的反感。即便最粗糙的人也会注意到您的肢体语言、手势、表情以及细微的面部特征。他们会通过自己的直觉，从这些信号中准确地解读出您的厌恶。即使您什么都不说，

即使您像步行街上的人物雕像一样一动不动，您心里是怎么想的、感受如何，这些都会表现出来。这里的关键词是"非语言信号"。

在所谓的"情绪管理学"中有下面这个等式：身体＝情绪＝想法。如果您感冒了（身体），您会心情不佳（情绪），然后特别想一个人静一静（想法）。这个等式反过来也成立：想法＝情绪＝身体。在与"刺头"客户的第一次面谈之前，先来收集他的闪光点吧：他哪一点让您觉得有亲和力，或者有趣；您喜欢他哪个方面。通过专注于客户积极的方面，您可以将自己带入正面的情绪中，而您的情绪会通过您的肢体语言、表情和声音流露出来。正面的情绪包括：好感、对谈话的期待、坦诚、信任、乐观、好奇、友善等。这一切看上去就像是一封邀请函，邀您前去参加一次愉快并富有成效的谈话。

您不可能装出一副觉得客户和蔼可亲的样子。如果您真的想对一位客户有好感，那您必须首先拥有愉快的心情。与客户相处时心情舒畅，是您作为销售员的义务，就像宗教中的"十诫"一样。销售员最关键的核心技能之一，便是成为一个客户愿意与之做生意的人。如果您忍受不了自己的客户，如果您是带着厌恶去参加销售谈话，那您真的可以马上放弃了。

失败者拥有失败的客户，平庸者拥有平庸的客户，而值得信任且充满亲和力的销售员，则能吸引同样性格的客户。销售赢家吸引的是顶级的客户。每个人都能拥有配得上自己的客户。让您的客户看看，您是一块什么样的"磁铁"吧。

56. 有时候真正的巨人也只能放弃

给买主们来个小小的分类怎么样？喜欢居高临下的、傲慢的客户，他们会把销售员当成送外卖比萨的小哥来对待，但又不愿意付一分钱；心胸狭窄的守财奴，他们会在您做产品介绍时，对每一个最小的细节都要打破砂锅问到底；平易近人的话匣子，他们从来不谈论重点，而是愿意把自己生活中那些荒唐事当成笑料来讲，并因此忘记了交易；毫无耐心的"统治者"，他们容不下任何的异议，并从不让您把话说完，因为他们只愿意让那些缩成一团的"好好先生"出现在自己身边；决绝的沉默者，他们即使面对开放性的问题，给出的答案也不会长过一个音节，他们的话在交谈中占的比重，只有百分之一左右；偏执的客户，他们总是在揣摩您的问题和答案背后是否隐藏着巨大的阴谋来成功地诓骗他们；让人抓狂的"万事通"，他们尝试为您讲解您的产品，尽管他们了解的信息最多也只够在亚马逊①上写一条评价而已。

这些人您都不陌生吧？很好。当然，这个分类过于偏向一个侧面了，选取的样本也不具有代表性。绝大部分客户其实是很容易相处的，而且大多数时候很有亲和力。他们和您是一个世界的人，而且绝对算得上好人。即使是顶级销售员，也没有能力让每个人

---

① 亚马逊（Amazon）是一家总部位于美国西雅图的跨国电子商务企业，全球最大的互联网零售平台之一。

都满意，他们也不想去这么做。销售专家同样会时不时地遇到自己性格和职业的瓶颈，因为有时候他们面对的客户，真的完全和他们想不到一起去。他们如果想走到客户那一边，不仅找不到一座坚固宏伟的大桥，甚至连一座晃晃悠悠的小木桥都没有。和这类客户交流，就好像和外星人交流一样，除非有朝一日有两个世界或者两个星系能彼此相遇。

如果您在第一次会面时无论如何都无法和客户相处，那您最终只有一条出路：放手吧！顶级销售员不会在这时，为了能得到一些订单而弯腰。如果您觉得，客户只因为您坚持自我，便不愿与您做生意的话，那您要告诉自己：真正的巨人有时候也只能选择放弃订单！放弃，意味着对自己的尊重。因为您坦诚地告诉了自己，和这位客户交往永远都会困难重重。这时候，从自己的嘴里说出那句"不"，对您的信心是有帮助的。

但只有当您为了让销售谈话有个好结局，而将自己所有权利范围内能做的努力都做了之后，战略性退出才是被允许的。您能做到的有细心的谈话准备、得体的举止、友好的寒暄，以及用一切可能的方法以专业的方式推进谈话。您还应该像顶级销售员一样，在每次会面之前都先鼓动自己：我喜欢我的客户，即便这只有一个理由——今天他要和我做生意。每个人都有优点，都有讨人喜欢的地方以及有亲和力的元素，您应该专注于这些方面，虽然这有时很难做到。

就算您细心留意了以上所有方面，并将它们付诸行动，与客户的销售谈话依然可能会出现巨大的问题。而这可能（也）和您有关，具体来说，因为您坚持自我，可客户就是不愿意和您这个类型的人做生意。

然而，这并不是怀疑自己能力的理由。请尝试用一切办法来征服客户的心，并同时坚持做自己。要相信，在这么一位客户身后，一定跟着至少十个想和您好好做生意的客户。

57. 先施与，后索取

这是互惠原则？听起来像是一条无聊的数学定理，或是像言之无物的社会学语言，也可能是某本销售指导手册中的一个被打造出来的标题。也许吧。但对销售员来说，这条原则的背后隐藏着巨大的力量。借助这股力量，您可以把与客户的交谈带到一个全新的高度。

搭建和别人沟通的桥梁，或建立人际关系，只需要以下四步：我付出，你得到，你付出，我得到。而在销售过程中，这条原则的核心含义便是，如果您能首先给予客户一些东西，那么客户的回报便会自然而然地到来。您的付出绝不会被客户扣留下来。

这条"我先付出"的原则，同样适用于社交网络、群组和论坛中：在您想获得别人的专业技巧、知识和信息之前，您需要先拿出点儿东西来。没有谁会比那些接受了别人的帮助，却没有付出的人更不受待见了。

那么，您能够给予客户什么呢？客户感兴趣的信息、产品展示活动的邀请函、会面时带去的小礼物或赠品、亲手写的生日贺卡（而不是模式化的邮件），等等。所有这些形式都可以体现您对客户的重视。这些小小的奖励，或者说是适度的称赞，定能发挥出效果。称赞是很重要的。我们每时每刻都需要获得称赞，您的客户亦是如此。尽管他们的价值观、性格、偏好各异，但他们内心深处对称赞的渴求是一样的。我们每个人每天都需要被称赞六次，才能保持情绪的健康，即便这些称赞可能显得渺小，无足轻重。

所以您可以，或者说是应该称赞客户，称赞他布置得很有格调的办公室、富有亲和力的微笑、为见面做出的精心准备，以及其他任何方面，因为客户期待听到您的赞美。

这种称赞必须要真实，才能发挥效果。您的称赞应该是发自内心的。如果您的称赞并不真实，而是被夸大的、不恰当的、强加给客户的，那么客户完全可以意识到这一点。您不会将联邦十字勋章①颁发给一位出租车司机，仅仅因为他开车的时候很清醒，没出事故，对吧？

承认、赞许、表扬，这些对于人际关系的建立和维护都很

---

① 联邦十字勋章，也称作德意志联邦共和国勋章（Verdienstorden der Bundesrepublik Deutschland），用以表彰在德国政治、经济和社会文化方面做出重大贡献的人士。

重要。不过，它们必须要合乎情理，而不能演变成谄媚，以至于让客户都不知道该如何张嘴回应，即陷入"无语"的状态。只有在合适的时机，基于客户切实的需求，用恰当的话语表达出自己发自内心的赞美，您的话才会显得自然得体。赞美客户吧！因为面对攻击时，客户可以自我防御，而面对赞美时，他们却无力抗拒。

58. 销售意味着让客户快乐

您为什么会成为销售员？您有三秒钟的时间来用一句话回答这个问题。三、二、一……没想出答案？那再来一轮：作为销售员，是什么让您充满激情？您吞下了那么多的"不"，却依然每天从床上爬起来，去和客户谈生意，您的动力是什么？是什么在内心最深处激励着您？三、二、一……您觉得一两句话说不清楚？那我再提个更具体的问题吧：您从事销售工作，是为了完成令人满意的销售额，是希望让自己沉浸在荣誉、尊敬和来自领导及同事的赞叹中，还是想捞到一笔笔诱人的佣金？因为销售员的工作能让您有机会四处跑（如果您喜欢旅游的话）？因为您真的觉得自己的产品和公司很不错？因为您希望能经常在社会的平台上推销自己，也就是拓展自己的人际关系？还是因为您不会干别的？

您发现了吗？上面列出的原因中缺少了一个元素，不，是缺少了一个最最重要的元素。三、二、一……告诉我缺少了哪个元素？销售的哪个方面？是的，就是客户！没有客户，一切都无从谈起。没有客户，就没有销售。但您不能把客户仅仅当成是"客户＝销售额"这个等式中的一个重要元素，然后遵照这个等式去生成您的订单，因为这样的话，您就把客户局限在你们谈妥的订单上了。这样，您是无论如何也不可能让客户感到快乐的。

快乐？难道我们现在是在书店里的"生活指南"区？"快乐"是《明星周刊》（Stern）、《焦点周刊》（Focus）以及其他新闻和生活杂志长期关注的专题，但"快乐"和销售又有什么关系呢？销售就是做生意，它不适合那些找不到生活意义的弱者和喜欢哭泣的人。事情就是这样的！

销售的动力和客户的快乐是紧紧联系在一起的。销售最核心的意义便是让您的客户开心。换句话说，如果您能让客户的脸上露出笑容，那您的销售工作已经做到了极致。笑容意味着客户此时很开心，并感到轻松自在。为什么您能让客户开心？可能的原因有千万种：比如您给了他在别的地方得不到的东西，比如您帮他解决了问题，比如您使他缓解了压力，比如您通过自己的产品为他提供了新的机会，比如……

顶级销售员最强大的动力，不是销售额，不是销售提成，不是公司分配的那辆拉风的车，不是名表，不是房子、妻子、游艇带来的小幸福，也不是荣誉、尊敬和赞叹，而是让客户开心。当客户两眼放光，当客户的感激之情已经可以被感受到时，这个瞬间，才是真正让顶级销售员前进的动力。

销售几千年来都是这样：如果您愿意让客户开心，那您期待的一定不仅仅是眼前这一张订单，您真正希望的，是客户喜欢与您做生意并总来找您做生意。

如果您能让客户开心，那么销售额和提成自然就会到来了。

59. 您的工作是用客户的视角看世界

这类销售员您肯定熟悉：宣传册发放机、会走的网店、技术偏执狂、描述产品细节成瘾者、服务项目的鼓吹者、说起产品理念便没完的人、喜欢利用信息给客户洗脑的人、对产品展示近乎痴迷的人，或者用无聊的产品展示来催眠客户的人，以及陷入幻灯片无法自拔的人。他们有一个共性：喜欢罗列产品的特征，以及产品的优势。他们提供的咨询服务，仅限于对产品细节以及服务特征的无穷罗列，乏味至极。

在扮演"顾问"角色的同时，他们忘记了最重要的一点，而这一点却是需求分析、产品展示、异议处理、议价以及完成订单过程中最关键的：客户仅仅对他能从产品中获得的好处感兴趣，即该产品能为其个人带来哪些独特的收益和增值。

迅速发现自己的产品能为眼前的客户带来哪些特别的益处，并将这些益处不断融入销售谈话中；解读客户的需求和需要，为客户出主意，帮他们解决那些自己不能或不愿处理的问题；不断调整自己的供给方案，以便使它能与客户的需求无缝衔接，是每一个销售员的工作。

而其他的一切都没什么意思，都属于多余的闲聊。除非您的客户自己是一个喜欢纠结细节并且对产品特征痴迷的人，那您当然要把他渴求的那些告诉他。或者客户在做购买决定时还需要其他信息，那您也必然要将这些信息双手奉上。除此以外，那些详细的叙述都与您的销售目标无关。您的销售目标不是把所有的供货细节都注入客户的身体。您打算如何花自己的销售佣金（比如买车、买房、买游艇），您能否完成一场了不起的表演，或像留声机一样"播放"一段完美的销售谈话，这些都与您的销售目标毫无关系。

优秀销售员的目标，是发现客户真正需要什么。这才是他们真实的目标，以及从维系客户关系的角度考虑，应当长期坚持的目标。优秀销售员总会不断向自己发问：为什么客户一定要选择我的产品？他能从中得到什么？我如何才能为他搭建一座通向自己产品的桥梁？

你说的我明白，但我如何才能发现客户究竟想得到什么呢？答案并没有像玩猜谜游戏时候那样贴在客户头上[①]，答案同样也

———————

① 此处作者指的是一种猜谜游戏的玩法，即先把写着答案的纸条贴到猜谜者的脑门上，然后被贴条的那位再开始猜答案，比如纸条上写了哪个人物或哪种动物。

没有写在订单上。客户想要的，亦不能从他公司商标下方的那几个字中，或者从官网上公布的经营哲学中解读出来。而且令人难办的是，客户内心真正的需求，也并不一定就是他明确说出的那些需求。

"好吧，如果客户真的太蠢了，根本说不出自己的愿望，那也不赖我吧？"——懒惰的借口！作为销售员，你必须成为解读客户愿望的专家，这是您的工作。如果您想长期在销售领域获得成功，这是您要面对的核心挑战之一。

想要解读客户的需求，没有魔法药水，没有成功按钮，没有操作指南。和其他的技能一样，这种解读是一门手艺、手艺、手艺（重要的事情说三遍），需要练习、练习，再练习！坐到客户的办公椅上，以客户的视角来看世界吧！

60. 第一印象会被铭记，临别印象会保持到底

交谈结束前的片刻：客户给订单表格签字时，销售员便不耐烦地将身体探到桌前；客户还没有撂下笔，他就一把抓走了表格，将它与其他文件一起塞进了自己的二等公文包；利用刚才客户浏览表格内容的时间，他已经收好了自己的笔记本电脑。

在客户表示他期待着供货，并希望买到的机器物有所值的时候，销售员正漫不经心地和他握着手，而且思绪早已飞到座驾的

方向盘上了。道别的时候，他口不对心地将那句可有可无的话——"我再联系您。"——在嘴里嘟囔了一下，便溜之大吉。掐表来算，他花了 8.82 秒，博尔特的百米世界纪录都没他快。又多了五分钟在麦咖啡①的角落看《明镜报》的时间，这就是传说中的"效率"。

　　这位销售员给客户留下的第一印象也许还不错，因为如果不是这样，客户也就不会签订单了。但他灾难性的退场，却让他失去了将这位客户变成老主顾的一切机会。即使客户承受着后悔下单的折磨，也并没有选择取消订单，但他事后一定会想：销售员肯花那么长时间来详细介绍自己的产品，却不肯拿出两分钟来，以认真、职业的态度与自己的生意伙伴道别，那他内心又是如何看待客户的呢？

　　即便您的投入并没有获得订单的奖励，但请在每一次谈话结束时，都用一句友好的"再会"来收尾。这样，您不仅可以信心十足地退场，而且还为自己保留了机会，让自己最终能够点燃客户的热情。请继续为客户提供有趣并实用的信息，或邀请他来参加新产品的展示会。您要给客户这种感觉：您对没有完成的订单感到很遗憾，因为他不仅仅是您客户清单中一个普通的名字而已。留在客户身边，持续不断地关注他，展现出您那份礼貌的坚定！

　　第一印象会被铭记，告别时的印象则会永久留存。客户在订

_____

　　① 麦咖啡（McCafe）是麦当劳旗下咖啡品牌，它可以以独立咖啡店的形式出现，也可以出现在麦当劳快餐店的角落中。

单下方的签名，并不意味着销售谈话的收场，恰恰相反，订单意味着您与客户关系的开始，而非终结。即使与客户的交谈气氛轻松，您也应该保持您的风度。

将好印象留下，新客户会因此变成您忠实的老客户。

第五章

客户交流的原则：直言不讳、亲切有礼

61. 噪音就是音乐

在面谈时，您可以利用肢体语言和表情来判断，客户的状况如何、他情绪是好是坏、他的状态是专注还是散漫、紧张还是放松、困倦还是清醒，但这些信号，您在电话交谈中是没有的。打电话时，您只能通过客户的用词、他变化的声调以及噪音来对其进行评估。

当然，如果电话另一头是您经常通话和见面的老客户，那一切就会更简单。作为一位处处留心的销售员，您很快就能意识到老客户是怎么想的，以及您在通话时需要注意些什么。做到这些并不难，对于优秀的销售员来说算不上挑战。不过说正经的，当您拿出需要联系的新客户清单，准备在电话中和他们约定会面日期时，当您是头一次给一位客户打电话时，您还能如此放松吗？这项工作听起来就很有挑战性，不是吗？

在电话约谈时，您一般只有三到五分钟的时间来完成自己的目标，即和客户约定一个见面日期。这时间比面谈时要紧张多了，而且您无法利用自己迷人的微笑、再合身不过的西装、万宝龙钢笔、配有手工抛光过的黄铜锁扣的高档皮革公文包，还有您那双经典的全雕花牛皮鞋来为自己加分。

尽管存在差异，但重要的是，您在电话里应该表现得像面谈时一样，并想象客户就坐在自己身边。因为这可以让您通话时也能同样自然地观察，说话，微笑并走动。但下面几条行动准则，您在电话中应该比在面谈时更加重视：

* 不要相信一个舒适的沙发椅能给您的嗓音和音调带来积极的影响。恰恰相反，您迟早会睡着，而客户则早已准备听您的梦话了。保持站姿，或随便走走，这会让您的话听起来更有底气，这样，客户会对谈论的事情更加专注，通话的时间自然也会缩短。

* 避免单调乏味的说话风格。您不想勾起客户的困意，或者直接用一个催眠的故事把客户哄睡吧？那就通过语气、音色、句子的旋律，为您谈论的话题注入一些变化吧。

* 在说话时有意识地加入一些停顿，以便让对方能够消化您的信息，以及让您对客户利益的论证展现出效果。这样，您的客户会听得更专注。避免信息过多的独白、过火的称赞，以及那些没有可信度的、提前背好的、"有助于情绪健康"的套话。

* 您的语速应该符合客户的语速。您在说话时要么稍微"加加油"，要么有意识地"踩踩刹车"，具体怎么做，视情况而定。

* 请使用那些社交中常见的语气词，比如"OK""嗯""我懂""有趣""正是"等等。这些词能提升客户对您的接受度，并鼓励他更多地描述自己的情况。

邀请您的客户加入谈话，不仅为了去听他说了些什么，还要去听，他是如何把话说出来的。巧妙地拧开这个信息源泉的水龙头，以积极倾听者的角色，来了解您的新客户吧。

62. 保持放松！尤其是在打电话的时候

客户是人，而不是搁浅在地球上的外星生物，尽管您有时候可能不这么觉得。客户是有血有肉的，他们也会有好或不好的一天，也会感受到来自家庭、工作、配偶、子女、同事或经理的压力；但他们有时也会因为自己的俱乐部赢了球，新鞋穿着正合适，或者自己得到了赞赏和表扬而开心。换句话说，客户和您一样，都是人类。

在和客户通话时请记住：电话的另一头，首先是一个人，如果您能让这个此刻与您相关的人开心的话，您也会因此而开心，不是吗？

所以，您需要获得谈话的主导权。您应该向客户提问，因为您知道的：谁发问，谁就能获得主导权。您要表现得冷静而放松。怎么做到呢？很简单，站着打电话，边说话边走动！利用耳麦，您可以自由地活动身体，边打手势边说话，并将您全部的性情都融入谈话中。这样，您可以让您的声音显得真实，放松且自信。您会惊叹，站着打电话，可以使您表现得更棒，更有创造力！

　　另外很重要的一点是，您要微笑！您良好的情绪可以明显地影响到你们的交谈，因为您的情绪，客户是可以听到的。众所周知，好情绪是可以被传染的。此外，客户也愿意被有好心情的销售员所引导。用幽默为自己加分吧，因为幽默总是受欢迎的。销售员如果能让客户的嘴角露出笑容，甚至让客户笑出声来，那他已经成功地提升了自己的亲和力。

　　不过要注意的是，请避开那些有嘲笑甚至挖苦意味的评论，以及容易引起争论的政治、社会、宗教话题。就算您只是开了些没有恶意的玩笑，那些不友好的、被冒犯过的、有攻击性的以及爱抱怨的客户也特别容易觉得，您这些话就是冲着他们来的。即便您想活跃一下紧张的气氛，也千万不要给这类客户提供弹药，来方便他们向您开火。您应该让自己置身于战线之外。

　　如果您做了一切尝试，沟通依旧很困难，那么，无论是谁的错，您都应该放轻松一点。您的紧张，客户马上就可以听得出来。您可以这样放松自己：扶住桌子的边缘待上片刻，双脚站稳，然后微笑！这样您就可以保持友好且乐于合作的姿态，并瓦解客户的力量，保持对谈话的控制力。

　　一言以蔽之，友好、热情和感动，是一门聋人也能听到，盲人也能看到的语言。

63. 您的身体不会说谎

您熟悉这样的场景吗？先是在寒暄时软绵绵地与客户握手，之后销售员看客户的眼神，仿佛客户马上就要用令人不爽的问题来折磨他了。销售员跷起二郎腿，将下面那条腿较宽的一侧完全展示给客户，并将双臂交叉抱于胸前，用自己的肢体语言作为灰浆，在客户面前筑起了一道厚厚的墙。

如果客户"美好"的一天是从上班路上的堵车、一个被拒绝的大单、请病假的同事，或者与自己客户会谈的压力感开始的，而在这之后还要面对一位销售员，这位销售员用自己的手势、表情、声音，以及全部的身体语言，向他传递了一个信号："我们虽然约了一个时间，但我对这次见面一点儿兴趣也没有。我想走，因为我没兴趣和你说话。客户先生，你一点儿也不讨我喜欢。"此时和这样的销售员谈上一番，对客户来说真是太"有趣"了。

谈话开始前，肢体语言首先会决定对方对您的第一印象。即使您什么也不说，您也会给客户施加影响。您一定听过保罗·瓦兹拉威克（Paul Watzlawick）[①]的那句名言："你想不交流是不可能的（Du kannst nicht nicht kommunizieren.）。"

---

① Paul Watzlawick（1921-2007），美国心理学家、传播理论学家和哲学家，出生于奥地利。

　　*避免那些容易造成误解的身体信号，这些信号会给您的交流制造不必要的障碍。您应该通过自然而平静的动作来赢得客户的信任，因为客户会从您的肢体语言中寻找平静和安全感。

　　*尽快寻求与客户的目光交流，这样您就能确定他是否认真倾听了您说的前几句话。在谈话的过程中留意客户的眼睛。您可以从他的目光中解读出，他对您说话的内容和方式做出了何种反应。

　　*当客户提出异议时，注意他的声音和目光：他是坚定地看着您的眼睛，还是目光游离？他的声音是清晰还是虚弱，急促还是缓慢？他的移动呢？是匆忙、急促、紧张的，还是平静而有规律的？您能从中得出哪些结论，来帮助自己进行异议处理和销售论证？

　　动态的肢体语言信号，在议价过程意义重大。而在签署订单时，客户则需要对您百分之百地信任。通过坐姿告诉客户，您一定会坚守在他这一边：不要坐在客户的正对面，而要坐在他的斜方，并保持平稳的坐姿。类似摇晃脚尖的动作向客户传达的，则是没有耐性、紧张，以及您已抄好订单（只等他签）的信号。这三个信号是绝对不可以出现的，因为它们会导致客户在销售最关键的阶段突然终止谈话。

　　您应该通过注视客户的眼睛，以及专心倾听客户的讲话，来给予客户额外的安全感。这种行为可以给客户传递以下信息："我很重视那些让您担心的因素，对您来说重要的，对我也同样重要。"在交谈的全程中记得点头，在自己说话时记得让客户看到您张开的双手，通过这样的动作，您能展现出自己的正直，以及您确信自己的产品就是适合客户的那一款。

64. 清晰准确地描述，是交流的前提

销售员："不，我的看法和您不一样，如果有人能和我们达成一个双方都能接受的一致意见——针对这件其实无可挑剔的产品——那我也许可以在 6 月 22 日之前来为他安排一次没有任何问题的供货。"

客户："呃……呃……好吧……"

注意！红色警报！最高级别，全部警报已开到最大！销售员刚才那句话，在所有可能让生意泡汤的销售用语中，绝对算得上最严重的灾难。那些销售修辞方面的忌讳，那些让有经验的卖家和决策者感到窒息的表达方式，在这里全都聚齐了。先深呼吸一下，然后让我们逐条列举吧：

* 夹带了从句和插入成分的复杂句式，在销售领域是不受欢迎的，无论是在书面交流中还是在谈话中。您了解 KISS 原则吗？即描述要简单、精炼。（Keep it short and simple.）请用简短的单句吧。

* 将"不"字从您的字典中删除！"不"代表否定，而否定是

您的客户绝不愿意听到并感受到的。交流时要注重那些可行的方面，而非那些不可行的方面。这样，即便您真正能做到的比客户期望的要少，您的话听起来也变得亲切多了。

* "我"是最常被使用的词汇之一，因为谁不愿意谈论自己、自己的产品和自己的公司呢？然而客户才是销售沟通中的主角！请在说话或写作时使用"您"和"您的"①来代替"我"和"我们"②，以及"我的"和"我们的"③。

* 谁如果把"人"④当成代词来使用，那他指的是所有人，而不是任何一个具体的人。这意味着说话者不想为自己说过的话负责。还有"其实"⑤这个内容空虚的词。"其实"意味着限制，它会将您叙述的内容相对化。这两种说话的方式都会令客户不安。而在交易结束的阶段，在客户下决心购买那个最好的产品——即您的产品时，客户是需要安全感的。

* "也许能""想要""应该可以"⑥都是虚拟式（Konjunktiv）。很多人将虚拟式当成礼貌的表达方式来使用，这是对虚拟式的误解。虚拟式只会暴露您不确定的态度。谁如果用虚拟式说话，那

---

① 德语词是 Sie 和 Ihr。

② 德语词是 ich 和 wir。

③ 德语词是 mein 和 unser。

④ 德语词是 man，不同于英语的是，德语中的"man"是作为不定代词使用的，指代人，类似于英语中的"one"。

⑤ 德语词是 eigentlich。

⑥ 德语词依次是：könnte, möchte, dürfte。

他并没有相信自己说的话。如果客户发现您自己都对产品没有信心，那他还如何去相信您的产品呢？

* "不会产生摩擦""没有干扰""没有问题""没有异议"①本身都是有积极含义的词，但客户听起来却觉得非常差劲，因为这些词会引发消极的联想。"摩擦""干扰""问题""异议"这类消极概念，会留在客户的脑海中挥之不去。请用"顺利""直接""自由""小菜一碟""迅速""完全""简单"②一类的词，或者那个经典的词——"好"③。

别误会，我的意思是，没有人要求您作为销售员要借助修辞的造诣来为自己添彩。您的客户也不希望您用语言来装饰自己的产品，就像圣诞节偏执狂装扮自己高贵的圣诞树那样。客户更期待您能精确、清晰地描述自己的想法：没有空话、兜圈子，没有过度华丽的辞藻和虚拟式，而是简明、中肯，以客户为中心。告诉您的客户，他能从您的提案中获得哪些益处，这样您就可以让您的提案与客户的需求和购买动机协调一致了。

精准的描述，是业务交流成功的基石。您的客户会通过订单来感谢您的。

---

① 德语词依次是 reibungslos, störungsfrei, problemlos, einwandfrei。
② 德语词依次是 glatt, direkt, frei, kinderleicht, schnell, komplett, einfach。
③ 德语词是 gut。

65. 顶级销售员只会谈论客户感兴趣的内容

在谈话开始的时候，不要用语言来折磨您的客户，包括用那些陈腐的桥段（比如，"您办公室真漂亮。"）、明知故问的话（比如，"这是您的办公室吗？"）、低声下气的道谢（比如，"感谢您为我腾出了时间。"），以及其他多余的话。

与其扯这些，您不如探讨一下行业及市场的最新发展。客户对此会有兴趣得多。另外您要在自己有把握的领域活动，让客户看到您是掌握信息的，并让他感觉到，您很在意他的评价。这才是一个专业的开场，让您更容易将话题切入到拜访缘由上。您是销售员，想要卖东西，客户对此当然也是心知肚明。那就快点进入正题吧！

即使在进行激情四射的"专家演说"时，您也别忘了从客户的利益出发来论述。（绝大多数）销售员是自己产品的专家，他们喜欢聊产品特征和专业术语，并说起来没完。但即使客户想努力跟上，他们早晚也会放弃。客户无法理解，这些活着的"产品使用指南"，涨红着脸，打着急促而慌张的手势，用愈发刺耳的声音，究竟想要解释些什么。

顶级销售员则只会谈论客户真正感兴趣的东西。他们总是会注意将产品特征转化成产品优势和客户收益。他们会随时通过客户的表情和肢体语言来判断，客户是否能理解并跟上他们。

而"信息洗脑者"在游说客户时连气都不喘一口，他们的座右铭是，能被说死的客户才是好客户。然而，客户无法如此迅速地加工所有的信息。所以，请在谈话时有意识地加入一些停顿，让客户有时间去消化信息。只有这样，您的话才会有分量，才能产生影响，客户才愿意认真倾听。

注意您的语速。您要么需要再多说一些，要么需要在说话时降降速。特别是当您谈论自己的产品给客户带来的利益时，请把语速放慢些，以便客户能够理解您的意思。如果您只是重复说过的内容，那您可以提升一下语速。但切记不要模仿客户的语调和描述，因为这会令客户有一种被您监视的感觉。另外不要滥用客户的幽默感，开过多的玩笑。一旦客户觉得自己被愚弄了，他们会很快结束谈话。

无论是约定日程、维系老客户、电话直销还是追加销售，请以准确、形象、易懂的方式描述客户的利益。调动您所有的感官，用最短的时间判断客户能接纳多少信息。以客户的谈话风格为导向，但不要屈从！只有当您与客户真实地交流，并坚持说自己的话时，您才是值得信赖的。

66. 巧妙地应答意味着充分地准备

每一位销售员，真的是每一位，都肯定经历过下面的场景：您细致并专业地准备了销售谈话，您预料到了所有的可能性，也想到了所有客户可能提出的问题和异议，当然还有相应的答案以及令人信服的解释。然而，还是发生了一件你无论如何也没有想到的事——您的客户提到了，或者问了一个您一百年后也预料不到的问题，客户的话，让您突然变得结巴起来，假如您在大吃一惊后还能勉强张开嘴的话。您被客户打了一个措手不及。他等待着您的答案，但您却不知道如何回应，什么也想不出，大脑一片空白。

好消息是，即便是最顶尖的销售员也会有这样的遭遇。坏消息是，巧妙应对这类场景，并不是与生俱来的技能。没有哪种基因或者荷尔蒙能帮助您，您也无法通过吃药、催眠、基因技术、打个响指或者按个按钮就能激活这项技能。这里只有一张含三味药的处方：第一，健康的自信；第二，坚信自己能够为客户提供理想的产品，毫不动摇；第三，练习。

事先练习临场应对？这难道不矛盾吗？就像一个浪费机会的球员和一个不断破门的球员，就像好喝的啤酒和无醇啤酒[①]，就像达妮埃拉·卡森贝格（Daniela Katzenberger）与高级中学考试[②]，就像来自马尔灿的辛迪（Cindy aus Marzahn）和德国的下一个超

[①] 作者暗示无醇啤酒在口味上无法和普通啤酒相比。

[②] Daniela Katzenberger（1986— ），德国电视明星、歌手、企业家和模特，中学肄业，并未参加德国的高级中学毕业考试（Abitur，类似于我国的高考）。

模①，就像鱼肉和红酒②。

这并不矛盾！举个例子如何？在议价阶段，临场应对的能力便显得很重要，尤其是当您的客户为了证明产品太贵，而把那些人们熟知的，可以预见的借口和异议搬出来的时候。这时，您的答案必须像出膛的子弹一样脱口而出。而要做到这点，您必须将那些应对策略熟记于心，因为您要立即说出您想到的第一句应答语，快速、清晰、语气坚定、容不得丝毫的犹豫。例如：

* "我们没有便宜的方案。"

* "我想让您成为我们的客户，而不是为了销售额收买客户。"

* "我当然可以给您一个更低的价格，如果您在产品性能方面降低要求的话。您想在哪方面节省呢？想砍掉哪一块呢？"

* "如果实力对您来说太贵的话，那您可以尝试一下没有实力的公司。"

* "少花钱的感觉总是好的，但我们的服务比这要好得多。"

* "如果我们前期挣不到钱的话，那我们就拿不出钱来提供后期服务了。"

重要的是，并非每一条回应都适合每一个销售员和每一个客

---

① "来自马尔灿的辛迪"是德国单口喜剧演员伊尔卡·贝桑（Ilka Bessin，1971—　）的荧幕形象，伊尔卡·贝桑是一位体态丰满的演员。

② 按照"红酒配红肉，白酒配白肉"的原则，食用鱼肉要搭配白葡萄酒。

户。您的回应必须要符合您的销售风格、您的公司、您的产品、您的谈话情境，当然还有您的客户。所以，仅仅掌握一两条标准化的答复是不够的，您需要更多的弹药。

请在语言上表现得强势些，但在说话时保持微笑，并通过眨眼来暗示您的客户。客户马上就能明白，您对业务的立场是明确的，但同时也拥有那份能让自己放松的自信——这便是巧妙的应对！

67. 闲聊只能由客户发起

销售员第一次来到客户的办公室时，看到了一个倾心打造的1000升海水鱼缸，鱼缸底部有水生植物、珊瑚和凝灰岩，前方的玻璃是氧化铅材质的，鱼缸配有 LED 交互照明和生物过滤系统，里面游着医师鱼、海葵鱼以及其他充满异域风情的水生动物。销售员问了一句："您喜欢鱼吗？"

请省去那些答案不言自明的问题。您不会去体育场问一名球员是否爱踢球，也不会在艺术展的开幕式上问一位画家是否喜欢作画吧？有些话题听起来很不着调，或者能让您陷入万劫不复的深渊中，我在下面这个简短的清单中列出了一些：

* 在涉及交易、订单及其他商业内容的谈判中，销售员挑起的私人话题绝对是多余的。私人话题即使要聊，最多也只能在私人

会面的时候聊，而且必须是当您和客户已经很熟，并且是客户主动挑起话题时。

* 如果您对某个话题一无所知，或仅仅一知半解，请不要谈论它。不要尝试用半桶水的知识来为自己添彩，并将客户的热情点燃，因为这一切很快就会露馅儿。拼凑几个知识的碎片，试图用专家的身份伪装自己，然后再在这个领域真正的专家——您的客户面前颜面尽失，与其这样，不如坦白地承认您对某个话题并不熟悉，这更能证明您是有主心骨的人。

* 如果您发现，您在某个话题上的确比客户知道得更多，那么请抑制您的自我意识，不要尝试着去"大获全胜"。让您的客户通过您的只言片语，了解到您的专业知识，就已经足够了。

* 不要为了能聊上一通，而挑起诸如坏天气之类的没头没脑的话题。这些话题虽然无害，但也毫无意义。

* 宗教、政治、健康等易犯忌讳的话题，只能在正确的时间和那些对您同样很了解，并在这些话题上不会对您心存戒备的客户聊，而且永远不要在面谈、电话或其他交谈过程的起始阶段挑起这些话题。

如果客户开始闲聊，那您就和他小聊一会儿，以避免对客户不礼貌。但不要让自己陷入一场没有实质内容的斗嘴中，这样的争论，会偷走您和客户宝贵的时间。您可以用一个合适的开放性问题，将谈话引入正题，即这次见面的原因——产品。客户一定是对您的产品感兴趣的，否则他就不会邀请您来了。

　　闲聊本身并没有错，恰恰相反，闲聊对营造良好的谈话氛围非常重要，而这样的氛围则会将客户带入购物的情绪。您可以在合适的时机和合适的客户谈论一切，包括政治、宗教、两性以及其他敏感的话题，但不要在商业关系建立之初，以及关系快要结束的时候，也不要在第一次谈话时。只有在您和客户间的信任感已经非常强的时候，您才能聊起这类话题。

　　不要用"您最近可好"这样的话题来糊弄客户。快点进入正题吧！客户知道您作为销售员是为了订单而来的，既然这样，您应该表现得诚实、坦率，而不是顾左右而言他，让客户因为闲聊而感到无聊。

68. 客户会喜欢您直奔主题

　　"谢谢您抽出时间……""谢谢您对我们的产品感兴趣……""我很高兴能够拜访您……""如果我可以问一下的话……"这类开场白客户早已听够了。那些趴在地毯上爬进客户办公室的销售员、有受虐倾向的外事员、呆板的"客户资料库管理员"，以及"客户就是上帝"的信奉者，都是这类开场白的源头。用这样的句子作为客户会面的开场白，实在是不合适，因为这相当于告诉客户："能从您那里求得一个见面时间，我真是太高兴了，所以您怎么对待我都行。"这样低三下四的姿态会给接下来的谈话带来致命的后果，而客户很愿意接受您送上的这份"大礼"。

"想象一下，您即将亲自验证，我们就是您合适的生意伙伴。我们可以和您一起，完成一次出色的客户需求分析，好到您自己都能发现，我们拥有为您量身定制的产品。然后您说：'好的，你们就是我的新伙伴！'那我们就已经赢得您作为我们的新客户了吧？"

这样的话也太冒失、太有攻势了吧？把为结束时准备的问题当成开场白？您的客户当然不会就这样接受您的提议。但通过这种个性交流，通过对伙伴关系，以及卓有成效的商务联络的展望，您迅速将双方的情感联结了起来。您让客户清楚，自己是为了订单而来的，因为这是您的工作。所以您不会在谈话的时候避重就轻，不会拐弯抹角，而是会很快进入重点。

这种去掉包装的行为方式还有另外一个优点："没时间"是过去几年来，客户在问询过程中最常提出的异议。这说明，只有在客户能获得利益的时候，他才会与您合作。所以，不需要那些没有意义的"预热"，也不需要类似"我要亲吻你的脚面"这类阿谀奉承的开场语。开门见山，抓紧时间，早点把您能为客户提供的解决方案确定下来吧。

还有一种方法，也能很快让客户开始谈论自己的需求、愿望以及您的产品。那就是在双方寒暄后坐在谈判桌上时，保持沉默。1，2，3……即便这种沉默同样让您感到不自在，您也不要先开口说话。

因为一旦您先开口，您就将自己带入了谈判的弱势地位。稍等一下，让客户成为打破沉默的那一方。如果客户开始谈论会面的主题，那您应该为此感到高兴，因为这对您来说就像是起跑的发令枪，让您可以通过发问来开始谈话。如果您的客户和您一样沉默了大约四秒，那您可以利用一个曾周密考虑过的开放性问题，来展开对话，并借此掌握谈话的主动权。

无论是利用为结束阶段准备的问题，还是选择战略性沉默，请让客户知道，您是一个强大的生意伙伴，您只想销售出色的、为客户本人量身定制的产品。

69. 让对话代替独白

在产品展示的过程中将最细节的特征都逐一罗列出来，用信息为客户洗脑，是绝对不行的。没有客户可以把这些信息都记下来，更不要说将它们正确归类了。就算客户能做到这些，他们也依旧不知道，自己能从您的产品中获得哪些特别的益处。

一定不要在客户提出异议时，因为绝望而喋喋不休，以求能说服客户。如果客户针对您的产品提出的质疑，不在"常见问题"的清单里，不要通过大谈特谈产品其他方面的优点，来试图改变客户的质疑。这样做只会激怒客户，因为您的伎俩很快就能被他识破。客户会觉得，您针对他的问题已经没什么可说的了。这绝对不是专业的做法。

　　让人疲倦的幻灯片之战、冗长乏味的独白、通过饶舌来岔开话题的尝试、过于殷勤的客套话，以及任何其他独角戏式的、没完的废话，都是客户会面时的毒药。和这些招数相比，您更应该抓住那些经典的、被证明有效的谈话技巧：停顿、提问、复述。

　　在谈话的某些阶段，当自己发言的比重有必要高于客户时，请不断加入一些有意识的停顿。这将给客户机会来消化所听到的内容。而您也可以通过观察客户的反应来判断，您的发言在客户面前效果如何：他皱眉头了吗？他提问题了吗？他是放松地靠在椅背上还是把身子探得更靠前？他的眉毛扬起来了吗？他甚至露出了笑容？另外，您还可以利用这些停顿来整理一下自己的想法和措辞，以便能继续做出令人信服的论证。

　　客户期待与您进行伙伴式的对话。您可以通过提问来让客户开心：您询问了客户的观点，展现出了对客户的兴趣，并让客户感受到，您作为个人，与他的愿望和需求一道都是受欢迎的。就这点来说，提问可以创造好感，拉近距离。在销售谈话中，最令客户失望的莫过于这样的印象："我本该是销售谈话的主角，但现在却仿佛是电影里跑龙套的。"即使客户本身很渴望获取信息，您也要记住，只有通过有目的的发问，您才能知道什么是客户真正需要的。

　　在复述的过程中，您要用自己的话来简要地重复谈判伙伴说过的内容。这样做有几个好处：一方面您可以检验一下，自己是不是正确理解了客户的意思；此外，您还给了客户一次机会，让他们能够在必要的情况下修改自己的描述。您可以在复述时使用下面这类表达：

* "您的观点是……"
* "关于……我没有理解错吧？"
* "如果我理解对了，那么……"
* "您正在为……寻找答案。"
* "您是想说……"
* "如果您说……那您的意思是……"

顶级销售员会利用这些计策，从客户的发言和措辞中总结出能证明客户收益的论据。这样，他们可以确保自己能够尽可能地接近客户的观念，并能额外提升自己话语的影响力。

停顿、提问、复述，如果您能协调地应用这三个谈话技巧，那这三招将成为一个真正的、可以保证效果的动力组合。来试试吧！

70. 用"倾听"来代替"听"

来一轮类似《谁想成为百万富翁》①的智力测验怎么样？题目是，"听"和"倾听"有什么区别？

A：听者喝多了，倾听者已经……挂了。②

B：听别人说话的人，只能理解他们已经熟悉的内容，倾听别人说话的人，能够站在说话者的角度考虑问题。

C：听者坐在收音机前，倾听者会亲自到现场。

D：听者戴着能把耳朵罩住的耳机，倾听者戴着小型入耳式耳机。③

"求助现场观众"和"求助电话"都不能用，三、二、一，请按下按钮选择答案吧！

顶级销售员知道，"听"和"倾听"之间的差别是巨大的。在"听"的时候，您可以觉察到客户的愿望；而在"倾听"时，您将会发现并理解，客户究竟多么重视自己的愿望以及您的产品。

在"听"的过程中，您从客户话语中提炼出的信息，都是您以自身的经验为背景感知到的。客户究竟多么重视自己的愿望，

---

① 《谁想成为百万富翁》（德：Wer wird Millionär？）是英国的一个电视有奖智力问答节目，参与者可以通过连续答对问题为自己争取更高的奖金，类似于我国的《开心辞典》。

② 此处作者利用两个德语可分动词 zuhören 和 hinhören 的前缀（zu 和 hin）玩了一个文字游戏，原文是："Wer zuhört, ist zu, wer hinhört, ist …。"

③ 此处作者还是用两个前缀做文章，zu 有关闭的意思，hin 有进入的意思。

对此您的耳朵一直处于关闭状态。而在"倾听"时，您会通过听觉了解客户的内心，并能领会他的感受和想法。您的耳朵会为客户的愿望和构想而敞开。作为细心的倾听者，您会通过客户的视角来观察自己的产品。

要达到这种深层次的理解有一个前提，即您必须接受客户的弱点。请记住：

* 请仅仅衡量客户谈话的内容，不要因为客户的语病、方言或口音而分心。

* 专注于客户说了什么，客户想表达什么意思，以及如何在自己之后的论述过程中利用这些信息。

* 请让客户把话说完，并保持目光交流。为了能给自己的回答收集信息，请做笔记。

* 在将客户发言的全部内容都正确地掌握并理解前，请不要给出答复。不要对客户的发言做评论，而是给他时间来解释，什么对他而言才是最重要的。

有一点在异议处理时显得尤其关键：您不仅要知道客户有哪些论点，还必须真正理解这一点或那一点，对客户来说究竟有多重要（还是并不那么重要）。通过积极地倾听，您能让客户意识到，您很重视他的观点。这样，您便触动了客户心灵最深处的感受，即那种被他人理解的渴望。谁能给客户带来这种感受，那他一定可以赢得客户的信任。

作为听众，您只是"录入"了客户的陈述和提问，回答也只能是一点对一点。而作为积极的倾听者，您让客户有机会叙述他的愿望和购买动机。一方面，这将为您的客户利益论证提供关键的提示；另一方面，客户会觉得自己得到了很好的照顾。这样，您不仅能带领客户完成交易，还能将他留在自己身边。

如果您倾听客户，您就可以将客户变成自己的粉丝。

71. 客户希望听到自己的名字

顶级销售员清楚，对客户来说，没什么比自己的名字更悦耳的了。所以，在对话中不断重复客户的名字，已经成了他们的工作标准。

客户如果能在对话中不断听到自己的名字，那他会有种被重视、被尊重，甚至受宠若惊的感觉。尤其是在第一次会面时，您的客户会觉得您是一位有心的交谈伙伴。这样，您可以轻松地在谈话之余提升自己的亲和力，并在客户面前为自己加分。

此外，您可以通过对客户直接的称呼，将产品带来的收益零距离展现在客户面前，就好像这款产品就是为他量身定制的一样。比如："迈尔女士，如果您亲自试过这个倒车摄像头，就会发现它对您停车有多大的帮助……"

　　然而，面对"我"或者"我们"这样的表达时，即使是最耐心的客户，心思也早晚会飞到一会儿的咖啡小憩上。"我们将软件的性能又提升了13%。我亲自在场观看了多次不同的运行测试，并给软件工程师提了改善软件可操作性的建议，以便软件的响应式设计也可以被改善……"——客户这时已经开始打哈欠了。

　　当然还有更糟糕的。把"人们"作为代词来用，绝对是"非人性化"表达的巅峰，尤其是当销售员把这类表达和被动态结合到一起的时候："电邮销售软件的效能会被提高，以便人们可以更快地得知回复率。"谁如果把"人们"说出口，那就像说了句"再见，订单"，因为只有为数不多的词能像"人们"一样，让您和客户之间的距离变得这么大。想要激发客户的好奇心，方法很简单，把"人们"这个称呼换成"您"。

　　尤其是在第一次和客户通话时，您一定要特别注意，正确地说出客户的名字，并注意客户获得的头衔，比如"博士"（Dr.），以及他的贵族头衔，如"××爵士"（Herr von ……）或"××爵士夫人"（Freifrau von ……）。在您还没有非常熟悉自己的客户，并且不确定他是否在意自己的头衔时，请用他的全名（包括头衔）以避免风险。如果您没完全确定客户的名字，那就问他一下："请您为我拼读一下您的名字好吗，以便我能正确地把它写出来？"

　　请用带有"您"这个称呼的表达，与客户进行直接的交流，并在交流过程中时常提及他的名字，不过要注意"剂量"：在重复说明产品能给客户带来的利益时，尤其应该用上这一招。但如果在一些不重要的事情上，也不加选择地过度使用客户的名字，那就好比按照"多吃多治病"的原则来用药，严重的副作用便会来找您了。在销售谈话中，这个"副作用"意味着，您对客户名字的滥用，给客户留下了过分、巴结、不可信的印象。

通过不断提到客户的名字，您可以让客户知道，他对您很重要。给予客户那种美好的感受吧！

72. 不提问的人，永远都是愚人

"为啥？为何？为什么？不提问的人，只能一直傻下去！"[①]多少代儿童在看《芝麻街》时明白了这个道理：如果不提问，无知就是你自己的错。对销售员来说，提问还有其他的好处：通过提问，销售员不仅可以获得关于客户需求的信息，还可以激励客户，让他们变得更兴奋，并邀请客户加入到交流中来；提问还可以促进对话、预防误解、让销售员得到客户的赞同、引导客户完成交易，并帮助双方拉近距离、建立信任、增加好感、搭建私人关系。简而言之，提问是销售员最完美的交流工具。

举个例子："用这款软件，您可以加快生产进度。"销售员如果这么说，客户一定会想："他怎么能了解我们的生产进度？"

---

① 这是德语版《芝麻街》片头曲的一句歌词，《芝麻街》（*Sesame Street*）是一套来自美国的儿童教育电视节目。

和乏味的宣言相比，提问作为交流工具，在客户利益论证过程中更有意义。"如果要用新软件，您希望它能带来哪些积极的效果？"——通过恰当的提问，您可以让客户自己发现您产品的优势。

请以直接、自信、毫不迟疑的姿态，提出简洁、清晰并中肯的问题。这样您可以解锁客户的信息，而您需要这些信息，让自己在论证客户利益时显得更有说服力。顶级销售员明白，想要引导客户完成交易，对提问技巧的熟练掌握是必不可少的。

开放性问题的答案，能提供的信息量尤其大。请用积极的语气描述这类问题。"为什么您当时没有签订包含全部服务项目的租赁合同？""如果您（公司）将来有一支高档的车队，您将获得哪些优势呢？"和第一个问题相比，第二个效果会更好。

要小心封闭式问题，如"周三九点钟您有空吗"这类问句，客户可以用"有"或"没有"来回答，而一旦"不"字出现，那下一个"不"字很快就会到来。做出拒绝，对您的谈话伙伴而言更容易一些。说"不"，是购买者和决策者体内的条件反射，它是基因决定的，并可以随时被触发，没错吧？所以，提出封闭式问题时，要选择一种让您的谈话伙伴只能说"是"的描述方法。

对于欠考虑的选择性问题，客户是反感的。放得聪明一些，把问题提得更巧妙些吧！例如约定时间时，您可以先推荐一个日期（比如，"周三您方便吗？"），然后再来缩短这个时间。您可以提出两个具体的时刻，并将您更喜欢的那个放到后面。借助这类考虑周全的选择性问题，您已经提前为自己安排了两套合适的方案，并让您的谈话伙伴觉得，决定是由他做出的。

通过激励性问题（比如，"您作为专家会如何评价？"），您一方面强调了客户的自我，另一方面也在鼓励他积极表达自己的立场。这又给了您一次机会，来辨别并弱化那些客户将来可能提出的异议或保留条件。类似"问题的关键是什么？在我看来……"这种能够推动客户与您共同思考和行动的问题，也是激励性问题的一种。

通过验证性问题，您可以检验客户是不是还跟着您的思路，比如，"您是这么设想的吗？"或者"您是这个意思？"，等等。

73. 反馈是一件礼物

即便是最顶尖的销售员也同样需要反馈。他们会从自己信任的人那里得到反馈。这些反馈者必须要公平，要为他们好，并且能够对他们的行为及行为方式作出诚实的评价。

寻求蕴含着公平、诚实和尊重的反馈，绝不意味着让一个毫无批判精神的好好先生用甜言蜜语来奉承您，或让那些不会评价、只会点头的人来糊弄您。谁如果总听到别人说自己是多么伟大的销售员、多么出色的天才人物，或者拥有多么无法抗拒的魅力，那他就容易轻信这些话而变得飘飘然。

同样，优质的反馈也不意味着，您需要被那些以挑刺为"职业"

的人惹怒，或者被自称是"批评家"的人打垮。

优质的反馈必须要中肯，做出反馈的人可以是您的同事、朋友、熟人、爱人、孩子、亲戚，也可能是您的经理，即那些与您友好相处的人。正因为他们期待您做到最好，所以他们才会批评您，但这些批评是客观的、有建设性的，而且涉及您的个人和职业发展。您当然也会遇到羡慕您的反馈者，那就平静面对吧，因为羡慕仅仅意味着，您活儿干得不错，您通过艰苦的努力，为自己赢得了令人羡慕的目光。

优质的反馈是一份很有价值的礼物，它能反映您的销售能力、人格以及您的言谈举止，并带给您作为个人和销售员继续成长的机会。来自客户的反馈，同样可以指引您前进，只要客户没打算利用做出的反馈来为自己谋利。

举个能够促发优质反馈的例子吧。为了能够在开"电话派对"时，针对"约定见面日期"这项任务，给彼此做出反馈，您可以和自己的同事提前约好：如果有一个同事做到了在电话中留住客户，而客户因为找不到借口而没有挂电话，那他便可赢得一瓶上等的红酒，或者一次周末健康行，或者一张法兰克福队（Eintracht Frankfurt）下场欧冠比赛的球票，或者其他您可以作为头彩或者奖励来赠送出去的东西。

在"电话派对"的过程中做笔记，记下那些您认为同伴做得好的，或做得不尽人意的方面。您的评价要公平而中肯，最重要的是，一定要具体。类似"你显得不够友好"这类的评价，无法真正帮助您和您的同事继续进步。将您的批评与具体的谈话细节联系起来，以便你们能够马上将批评的内容应用到下一次通话中。告诉您的同事，自己具体在这个方面是如何提高的，也定会对他们有帮助。如果您无法完全理解同事的反馈，那您应该继续追问，具体哪些地方让他满意，哪些让他不满意，以及他为什么这样想。

您应该定期找那些在您工作及生活圈子中对您友善的人寻求反馈。请坦诚接受那些营养丰富且剂量合适的"动力针剂"，因为它们可以帮助您成为最好的销售员。

第六章

领导者的领袖气质

74. 领导者就是榜样

周五，13点30分，在一个中型门业公司的销售部，销售经理从内勤人员的办公桌旁走过，他们中的绝大多数正忙着给客户打电话。有几个外出的业务员也已经赶回了办公室，正在努力弥补因拜访客户而失去的时间。经理开口了："我现在要去沃尔夫冈湖（Wolfgangsee）岸边的一个保健旅馆过一个加长版的周末，我已经迫不及待要打高尔夫了，你们加油干，快点搞定那些订单和未处理的产品咨询。下周一，我想看到已经整理干净的办公桌。"

对销售领域的领导者而言，最重要的法则便是，不要要求员工做那些连您自己都做不到的事。如果您傲慢地期待着员工将周五当成普通的工作日来对待，下班时间也和平日一样，那您就不能自己在下午一点半便溜之大吉，也不能想着把定好的时间计划提前，以便能早点儿闪人。您希望自己的员工如何，那您必须亲自为他们做出榜样，这便叫作"值得信赖"。除了信任之外，一个销售团队的经理和领袖还需要其他独特的性格特征，以便员工能将其作为领导来尊重，并作为榜样来看待。经理只有做到以下几点，他手下的销售员才能在个人及职业层面上继续发展：

* RAUSS 原则的要素要在他的身上得到明显的体现：风险承受能力（Risikobereitschaft）、强大的动力（Antriebsstärke）、使人信服的力量（Ueberzeugungskraft）、自律（Selbstdisziplin）以及自信（Selbstbewusstsein）。

* 他有勇气让自己惹人注目，以及让别人对自己的看法两极分化，所以他会显得不同寻常。

* 他从不发牢骚，不会抱怨低迷的行情、艰难的经济形势以及企业的管理层，并绝对不会埋怨自己的团队。恰恰相反，他会传递自己的乐观，并拥有坚忍不拔的精神，以便在必要的时候，亲自上阵完成一次高质量的交易。

* 艰难的情况会激发他的雄心。他热爱挑战，因为"困难"这个词，在他的字典中是不存在的。他会做出深思熟虑的、有胆量的决定。优秀的领导者不会无故拖延重要的事情，而是会很快着手处理它们。

* 即便有时候事情不像他所想的那样发展，他也能借助对自己的控制力，平静、客观地面对。他只会在私下里批评自己的员工，而不会当着众人的面。他会在语言上坚持明确的表达，但一定会就事论事，保证公平。

* 他当然也会非常重视自己的外在形象：完美合身的西装、讲究的皮鞋、上档次的配饰，会令他的举动引人注目。

这样的领导者会有一种自然而然的权威。他不会成为人人都喜欢的人，因为他知道：谁如果想取悦每一个人，并受到所有人的爱戴，那他一定会被所有人讨厌，得不到尊重，显得不可信，也绝不可能成为榜样以及优秀的经理。

很多销售经理之所以陷入平庸的境地，正是因为他们不为自己的任务和自己的员工承担责任，而且并不打算继续学习，改变想法，尝试新的道路。他们以团队领导者的身份，掌管着自己的职位，但身为销售者和经理，他们却停滞不前。

摸着胸口说，您作为经理，自己是不是员工的榜样？而您的销售经理是人人都喜欢，还是人人都讨厌？

75. 领导意味着将他人带向成功

鱼总是从头部开始发臭。作为销售部的经理，您只有把自己的工作都完成，并为员工做出榜样，您的销售员才能拿出顶级的业绩。

这意味着，作为经理，您首先要意识到，想要完成卓有成效的领导工作，您需要满足哪些与您个人相关的前提条件。此外同样重要的是，您要能够清晰地阐述那些您为别人定下的目标。只有您心里清楚自己的团队将会驶向何方，您才能为手下的员工指引方向。作为领导者，您在引导别人之前，首先要能够引导自己。

就如同足球教练员撮合球队并灌输自己的比赛理念一样，作为销售经理，您也应该向团队推销您的成功理念。如果内勤人员能在后场展开密不透风的防守，而销售员能在前场完成关键的进球，那所有人都会是赢家，包括您的同事、您的公司、您的客户，还有您自己。

优秀的经理，一定会直面自己职责范围内的疏漏，或者自己团队贡献的糟糕业绩。无论把事情搞砸的是您的员工还是您本人，对外，即面对第三方时（如公司管理层、客户、供货商等），您一定要对此承担全部责任。很多领导者缺乏这种领袖的魄力。他们不会为销售员传授那些能让他们变得更成功、更令人满意的职业理念，而是要求销售员写报告、做汇报、做 Excel 表格，这等于偷走了员工从事自己本职工作的时间，比如执着的客户问询、出色的客户服务，以及定期完成订单，而销售员恰恰是以这些工作为生的。事无巨细、爱吹毛求疵的经理，会让他的销售员都变成会计。

其他一些领导者则会在员工面前缺乏执行力。他们羞于把话直说出来，并逃避冲突，只为了不用离开自己的安乐窝，即自己"老板椅"所在的那片范围。在那里，所有的团队领导者会互相握手，并表达他们是多么喜欢彼此。可是，员工希望感受到领导者的坦率和真诚，以及获得建设性意见，因为这能让他们继续前进。员工渴望取得进步和成就，并跻身顶级销售员的行列。这样的期待，能为销售员带来成功销售所需要的激情，而客户则定会被这份激情所感染。

作为销售经理，想要带领团队取得成功，您自己未必是那个最出色的销售员。您需要做的，是承担责任、激励自己的员工、以身作则，并拥有那些您要求下属拥有的心态：开心、乐观、目标清晰、专注于成功、渴望提升自我，以及通过不断的培训和练习，继续学习专业技能的决心。

作为领导者，您为员工掌舵。您一方面要教导员工，销售工作意味着什么，即以维系长期的客户关系为目标，不断寻求交易；另一方面，您要继续培养员工，让他们成为被点燃激情的、动力十足的销售员。

76. 每个销售经理的梦幻团队都是由"狩猎者"和"采集者"组成的

为了能让自己取得成就，销售经理并不需要那些接受过"降阻改造"的、可随时被替换的标准化销售员，这类销售员就好像是被克隆出来的，只会按照同一模式工作。作为销售部门的领导者，您需要更多真实的、有个人气质的，且性格类型各异的员工，尤其是"狩猎者"和"采集者"这两类人。他们在性格方面差异非常大，但正因为如此，他们在一个团队中是完美互补的。

"采集者"的性格相对平静、稳重，甚至显得有些内向。勤奋、行为结构化、精准、耐心和稳定，仅仅是他们性格的一部分，即那些帮助他们在日常工作方面，以及在对待客户方面表现出的出色的性格。他们是"团队型选手"，因为这符合他们的集体精神。他们不会用那些不同寻常的爱好来打发自己的业余时间，而是会寻找静谧和悠闲，来平衡充满压力的销售工作，比如通过摄影、钓鱼、打理花园，或者玩地下室里的火车轨道模型一类的爱好。作为出了名的重视家庭的人，他们愿意和自己最爱的家人去踏青，或者同他们玩一晚上游戏。作为员工，得益于其可靠的性格，"采集者"一直都能拿出稳定的成绩。只要他们还愿意悉心维护客户关系，领导者便可以一直信任他们。简言之，"采集者"是完美的"大客户经理"。

而"狩猎者"则会利用一切机会为生意铺平道路，并拿下订单，无论是在工作中，还是在私生活中。作为外向的销售员，他们会利用自己极其敏捷的"销售反射弧"，下意识地抓住机会完成交易。他们总能够随时拿出自己的名片，因为他们知道，自己可能在路上遇到潜在的客户，或者遇到认识其潜在客户的人，抑或能遇到一些有趣的人。例行的工作会很快让"狩猎者"感到无聊，所以他们会在工作时寻求一些调剂和变化。即使在私生活中，这些肾上腺素飙升的家伙也经常需要通过跳伞、徒手攀岩、冲浪、滑翔伞等极限运动方式，来让自己获得一些刺激。由于"狩猎者"渴望拥有新联系，并在建立联系方面表现得坦诚，甚至充满好奇感，所以他们绝不会因为要马上和别人搭话而感到害羞。他们简直就是人脉关系专家，夸张点儿说，他们认识上帝和整个世界。总之，"狩猎者"生下来就是做客户问询工作的材料。

作为销售经理，您需要这两种员工，因为他们在一起便是一个不可战胜的团队："狩猎者"把大客户带回家，"采集者"负责照顾他们并维系这份关系。只有最最优秀的销售专家，高手中的高手，才能同时完美地拥有二者的特质，以至于他一个人便可以组成一个销售团队。

所以，请为您的销售员工安排最符合他们自然性格的任务、领域和客户。这样，您不仅为自己的员工做了件好事，同时也能让您的客户开心。而最终受益的，是您团队的整体劳动成果，以及您本人。尽管员工性格不一，您还是应该让您手下的员工或团队定期见面，以便您能通过某些数据发现，您的员工如何才能继续进步。这些数据包括：客户数量、交叉销售和追加销售的额度、销量、新客户问询数量、客户流失量、客户拜访总人次和拜访特定客户的次数、产品跟踪率、投诉率、投诉处理的周期和质量，以及其他的项目。定期给予您的员工针对这些数据的反馈吧。

77. 以身作则，方可赢得信任

作为销售经理，您是员工的榜样，您需要努力地为自己赢得信任。如果您仅仅打发自己的团队去做新客户问询，而自己却不能坚持招揽新客户，那您做得并不到位。同样，因为业绩方面的数据责备销售员，却不问他是哪些原因造成了业绩停滞，那您做得同样不够。如果您总不能在销售谈话时亲临现场，却要求销售员提升自己的谈判水平，那您的话，对销售员来说就是一种敷衍。

作为优秀的销售经理，亲身参与电话营销，并非"大材小用"。请定期组织"电话派对"吧。在派对上，每个参与者都要连续给三个新的潜在客户打电话。而其他人则要一起听，并且要给打电话的同事做反馈，讨论他的表现，以及评价那些关于其强项和弱项的正反方观点。当然，您作为领导者要亲身参与，并拿出勇气，作为第一个打电话的人上场，为员工做出榜样。您也许并不是表现最出色的那一个，员工同样也会对您提出建设性的批评，但正是这样的行为，让您变得有亲和力，并能帮助您赢得员工的尊重，因为您作为榜样亲身参与，而不是袖手旁观，摆起经理的架子。信任，就是这么来的。

如果您要陪员工一起拜访客户，在上他的车之前，请在他和您自己面前强调以下几点：您之所以同去，并不是为了抢他的风头，而是为了能给他作出高质量的反馈，以便能够培养他。除此以外，请在两人同去拜访客户时，注意以下几条游戏规则：

＊不要在客户面前质疑员工的业务能力。这不仅会让他感到屈辱，同时还会让客户生疑：如果销售员无法胜任自己的工作，我为什么还要与他谈话？我是不是可以直接和经理做生意？

＊专注于发现客户还有哪些问题和异议，以及为了让客户同意交易，还需要额外使用哪些销售技巧。

＊如果销售情境允许，请事先和销售员商量好，您作为经理应该在场上扮演何种角色，是需要"唱白脸"还是"唱红脸"，但是要注意，你们两个人不能把戏演得太夸张。

请仅仅在出现以下情况时对谈话进行干涉：

＊您的销售员请求您的配合与支持；
＊您的销售员在客观层面上为客户提供了错误的信息；
＊交易已经陷入危险；

＊您的销售员已经面临着失去客户的风险；

＊您发现，最终可能达成的销售额，已经远远超过销售员正在努力争取的额度。

如果您接过了销售谈话的主导权，那么请在谈话过程中表现得体贴而谨慎，否则您会让您的员工在客户面前颜面尽失。

如果您的团队在销售过程中需要您的帮助，请站在他们的身边。您的座右铭是，我不需要比团队中的销售员干得更漂亮，但我要像一个值得信赖的领导一样，支持我的团队。

78. 领导的 4R 法则

赖因哈德·施普伦格（Reinhard K. Sprenger）[1]、鲍里斯·格荣多（Boris Grundl）[2]、丹尼尔·戈尔曼（Daniel Goleman）[3]、肯尼斯·布兰查德（Kenneth Blanchard）[4]、彼得·德鲁克（Peter Drucker）[5]，极端领导、情绪领导、权威领导、民主化领导、情景式领导、按照自由放任（Laisser-faire）的原则领导、变革型领

---

[1] Reinhard K. Sprenger（1953 - ），德国管理学类丛书作家。

[2] Boris Grundl（1965 - ），德国作家、管理培训师、残疾人运动员。

[3] Daniel Goleman（1946 - ），美国心理学家、记者。

[4] Kenneth Blanchard（1939 - ），美国企业家、管理学丛书作家。

[5] Peter Drucker（1909 - 2005），作家、管理顾问，出生于奥地利，后于美国工作，被誉为"现代管理学之父"。

导……只有为数不多的人际关系课题，能像"领导他人、领导员工"一样，造就如此多的专家、理论、概念以及指导者，真是讲都讲不完。

通过下面四个概念，即 4R 法则，您可以将销售领域关于领导的相关理论统一起来：尊重（Respekt）、规则（Regeln）、方向（Richtungen）、惯例（Rituale）。

作为领导者，您应该尊重每一个人，无论是同事、下属、上级，还是客户、供货商、服务商，抑或是保洁员、前台接待员、大楼勤杂工。您同样要求您的员工会尊重每一个人。这便是"以人为本"。您要让自己与那些将员工当成是"造成财政支出的因素"，并认为接待客户和供货商是"浪费时间"的公司及领导者划清界限。您要允许员工犯错误，但也要同时注意，员工是否会避免犯同样的错误，是否能够从错误中学习以及是否能够利用自己的错误提升自我。

作为领导者，您应该制定清晰的规则。请坚持要求您的员工按期提交信息、数据和材料。请不要容忍辩解和借口。如果有事情进展得不顺利，您需要站到自己团队前面承担责任，并同时注意，团队中的每个人是否都能意识到自己应当承担的责任。如果一个员工犯了错误，那他并不会被别人为难——既不会被您，也不会被其他人。当然这有一个前提，那就是他必须尽快利用一切可以利用的资源把情况搞清楚。您会用亲切友好的语气，明确地提出要点。"严格的家伙，但却总是公平、公正。"——如果您的员工觉得您是这样的人，并这么谈论您，那您做的一切都是正确的。

作为领导者，您需要预先确定方向。身为领袖，您不能害怕在销售及管理的过程中去执行自己的优先事项。就像您的销售员需要记得交易一样，您也要把自己的目标放在心中。在员工的个人发展，以及员工的销售理念和销售员气质等方面，您要坚持不懈地做工作，当然，还有业绩方面。您应该在动力、反馈以及个人性格发展这些方面多做文章，而不是死推着低水平的销售员前行，却忽略了那些销售精英。如果出现了严峻的情况，那您必须立即对此表态，而不是一周以后再说，因为那时您的员工已经觉得一切都风平浪静了，如此一来，学习的效果便荡然无存。同样的道理，您也必须马上对下滑的业绩做出回应，且绝不能让员工的工作积极性下降。

作为领导，您需要维持一些惯例，特别是当出现了值得庆贺的成果时。比如设定一个"业绩钟"：无论何时，只要您的部门或者团队中有销售员完成了出色的交易，您就来撞一撞这口钟，并让大家都能听到。谁出色地完成了工作，都可以并应该为自己庆贺一下。

如果您坚持以 4R 法则为导向的话，那您已经为自己日常的领导工作打好了坚实的基础。领导员工，意味着您要为员工指明销售目标所在的方向，并在通向目标的道路上支持并鼓励他们。为了完成销售目标，您的员工需要您的尊重、您的规则、您所期待的前进方向，以及您的惯例。

79. 不要隐藏批评，要一针见血

销售经理："嘿，我看了你上个季度的销售额……你比之前那个季度少拿了一些订单……而之前那个季度也已经不如再之前的那个季度了……"

销售员："是的，我知道……我和我最重要的客户好像总是合不来，我不停地给他们打电话，却联系不上他们……而且说实在的，我们的新产品也不是那么厉害……"

销售经理："这个我懂，那些客户的确不太容易对付……我也的确在产品方面做了过多的许诺……"

销售员："我现在没有什么成果入账……"

销售经理："嗯，的确会有这样的阶段。这种感觉我懂。但你知道的，我也总得关注一下数据……这样好不好？一个月以后，我们坐在一起，看看销售数据，然后再视情况而定，好不好？"

这里有两个角色：一个缩成一团的经理遇到了一个松松垮垮的销售员。现在销售经理就差给销售员批上一周的假，以便他能从客户带来的让人无法忍受的压力中解脱出来，并喜欢上新的产品，最终重新找回自己的状态。二位甚至想为那些业务平庸的销售工作者建立一个匿名的自救小组了。

领导者不是心理按摩师，不是老师，不是指导者，不是教练。他们的任务不是在团队被萎靡的精神笼罩时，和自己的员工手拉着手。他们的任务也不是为那些平庸销售员的平庸业绩鼓掌，以便能够"激励"他们。

　　要想出色地领导员工，信任、合作、同事情谊都是非常重要的因素。但缺少了建设性批评以及事先约定的惩罚措施，您就会慢慢失去对团队的控制力。作为领导者，您需要专注于数据和结果，因为您的表现，以及您在公司的地位，也会通过这些因素被衡量。但这并不意味着，您要完全抛弃那些与个人有关的因素。

　　请不要依照被错误理解的"平等原则"，用同样的模式来对待每一位员工。有些人在工作时非常重视自己的责任，并总能让自己动力不凡；而另一类人，您就要管得严一些了。对待这些员工，您首先要通过不断对他们进行观察，并不断要求他们完成既定的目标，来把线收得紧一些。如果他们在参与了几次反馈谈话、进修项目并接受了您的帮助之后，依旧无法完成约定的任务目标，那您也别无选择，只能好好想想，是不是要和他们说再见了。这也关乎您的信任度：如果您依旧带着这些"面瓜"继续前进，最终买单的只能是团队的其他成员，因为这些差劲的员工会拉低团队的整体业绩。

　　通过明确的信息和清晰的目标，您将向员工传授取得成功的要素：勤奋、求胜欲望、乐趣和激情。拿出这样的态度，为员工做出榜样，并让他们明白：如果你做好准备来完成我的要求，那我就会帮助你进步。

第七章

信心十足地运用谈话技巧

80. 谁能认清客户的购买动机，谁就能让客户开心

几年前的一项调查显示，几乎一半的受访客户会因为销售员不能明白自己的愿望，不会以正确的方式倾听，以及无法提出恰当的问题而生气。

想象一下这个场景吧：一位中年男子走进一家著名的电子产品连锁店。他想为自己的母亲——一位独自生活的、已经相当年迈的老人——买一部手机。销售员马上就将最新款的苹果手机塞到他手里，并立即开始用产品参数对客户进行"饱和攻击"：3D触摸屏、软件机器人（iSight）、4K数字电影、活动照片（Live photo）、64位架构的A9芯片、指纹识别（Touch ID）、长期演进技术升级版（Advanced LTE）以及其他的技术类术语。痴迷于专业知识的书呆子真的能杀死客户。

优秀的销售员能意识到客户的关注点在哪里，换句话说，客户的母亲究竟需要什么：这部手机必须非常容易操作，按键要大，屏幕要大，并附带简明的合同或预付费卡。优秀的销售员会拿出时间来倾听客户，并有针对性地询问客户还需要哪些关键的细节信息，只为能把最适合客户的那款手机推荐给他。在这个过程中，

销售员会发现客户最重要的三个购买动机：舒适性（客户的母亲必须能够靠直觉来操作手机）、安全性（客户关注母亲的健康，希望通过这款手机，在母亲出现问题时能够更快地应对）、经济性（这部手机能被用到的功能较少，所以那些昂贵的、外带几十种附加选项的固定费率合同是没必要的）。

除了这些个性化的购买动机之外，您还要额外牢记以下四个经典的购买动机：声望、社会因素、对新产品的兴趣、环保或健康。绝大多数客户的购买兴趣往往不是被一个因素，而是被几个因素共同激发的，然而让客户最终决定购买或拒绝购买的关键因素，通常却只有一到两个。

您的任务便是，精确地分析客户的购买情境：什么能让他激动，什么对他是重要的，什么正在困扰他？客户经常自己都不清楚自己的购买动机，所以，如果您能够挖掘出客户的购买动机，并为他们提供解决方案，客户会很感谢您。"客户先生，想象一下，如果您的母亲很快就能操作这款手机，并经常在外出时给您打电话，告诉您一切正常，那这款手机是不是给了您和您母亲额外的安全感？"

您可以利用这种假设性问题，导演一场"未来情景剧"，并将产品的优势生动地展现在客户眼前。借助下面这类描述，您可以以客户的购买动机为根据，为他们搭建起通向产品的桥梁：

* "……将会帮助您……"

* "……将会降低您的……"

* "……将为您提供……"
* "……将确保您……"
* "……将为您节省……"

为了能够触动客户的神经，请迎合客户的购买动机。在销售时，您要花时间来积极倾听客户所言，以恰当的方式问询客户，并最终将客户的心声转化成语言。

81. 电话营销是最高级别的舞台

尽管存在登录页面、谷歌分析、社交媒体营销、搜索引擎优化、内容营销以及其他在线工具，但作为销售员，古老却好用的电话，依旧是您的好朋友、好帮手，至少当您想快速赢得新客户的时候。这时，无预约的拜访和陌生邮件营销都太耗时、太贵、太没效率了，而更快、更便宜、效果更显著的方法便是抓起话筒！

每个人都能很好地学会电话营销。所以就去做吧，多花些力气，并拿出超乎寻常的执行力和顽强的精神。因为与其他谈话和销售的技能一样，您只能通过日复一日的练习和坚持不懈的训练，才能成为一流的电话销售员。您想成为顶级销售员吗？那您必须通过严酷的电话销售训练。

在电话里，销售员的水平高下立判：在面谈时表现抢眼的人，未必是电话营销的行家；然而能在电话中说服客户的人，一定也能在谈判桌上收放自如。

对电话营销在行的人都是精英。他们是最强大的销售员，因为他们仅仅通过客户的措辞、声调和嗓音便能够评断客户。只有最优秀的销售员能通过音色以及音调的变换来察觉他们的客户正盯着什么，客户的身体在如何移动。这些销售员拿起听筒，便可以在几百甚至几千公里之外看到客户，即便是在电话信号并不理想，让他们无法通过客户的声音掌握全部信息时。

这种识人的能力，您只有通过亲自打电话才能掌握。几百次、几千次，不断重复。没有什么专业书籍、修辞学课程、Youtube 视频或者播客可以帮到您。要想成为电话达人，必须要先经历一段艰苦的工作。

为了能在电话问询时表现强势，您必须拥有真正的自信。在一次次面对电话销售员的过程中，客户同样积累了经验，并让自己的感觉越来越敏锐，客户能察觉到您打电话时是跷着腿坐着、心不在焉，还是您因为期待见面而在电话中微笑，并用自己充满信心的声音对话，因为您确信能为客户提供无法抗拒的产品。强烈的自我价值感，能帮助您增强自己的内心承受力。最后我想说的是，电话营销的成功率是远低于100%的，拒绝是陌生电话问询的一部分。对客户而言，说出那句"不"，比表达出对您产品的兴趣要容易得多。

所以，永远不要认为对方的冷漠是针对自己的！因为您的谈话伙伴根本就不认识您，也不知道您的产品。如果您的论述很精彩，却无论如何也无法说服他与您见面，那么请友好地道谢，挂掉电话，然后拨打下一个号码。客户的"不"会让您避免因为一场没有希望的斗争而精疲力竭，并更快地找到真正有兴趣的客户。

高密度的电话营销实践、强大的自信、冷静对待客户的拒绝，让您成为真正的电话营销专家。

82. 异议是通向成功的路标

无论身处哪个领域、面对哪个客户群，绝大多数异议的核心内容都是一样的。然而，平庸的销售员，总会在客户刚刚把"但是"的"但"说出来的那一瞬间便缴械投降。异议中的那些"经典桥段"是可预知的，销售员可以将它们轻松地融入自己的谈话策略中。

异议绝不意味着客户想要从销售谈话中抽身了。客户的异议更能说明，他的心思正放在您的产品以及您这位销售员身上。如果客户开始批判性地分析您的产品，那就已经表明了他是有兴趣购买的，因为购买能给他带来的好处，他之前已经意识到了一些。尤其是当您将产品展示和与之对应的利益分析，很好地同客户的需求和购买动机衔接在一起时，客户购买的意愿其实已经很大了。而客户提出的异议，其实就是要求您再给他提供一些额外的信息，以便让他安心。客户需要这份安全感，才能让他毫无保留地对您的产品说"好"。

　　典型的搅局因素经常会在"没错……但是……"这个句型中出现，比如："没错，您的产品合我们的心意，但是我们已经决定和另外一家合作了。"我们已经让自己习惯于关注这类话语中消极的一面了，即上述例子中的搅局因素——"决定和另外一家合作"。就像动物实验中的条件反射一样①，我们会下意识地对那些涉及缺点、失败和损失的内容做出反应。平庸的销售员首先会想："完蛋，订单没了！"然后对客户说："很可惜，您选择了别人。"

　　而顶级销售员的关注重心却在句子的第一部分——"您的产品合我们的心意"。他会如此作答："客户先生，很高兴我们的产品合您的心意，请问您尤其喜欢产品的哪些方面呢？"利用这个问题，销售员会鼓励客户，将产品为他带来的收益，以及产品的性价比复述一遍，并请他再考虑一下自己的决定。如果客户之前提到的，就是他们心中真正的异议，那客户一定会再回到这个话题上来，而销售员也还有机会消除客户的异议。平庸的销售员会察觉到客户说的"不"，然后放弃，而顶级销售员首先会看到客户话中的"是"带来的机会，然后继续努力，这个差别是很明显的。

　　您不能因为客户的异议而方寸大乱，但也要重视这些异议。客户的异议，为您提供了舞台，让您能够再呈现一些额外的、符

---

　　① 此处作者用了巴甫洛夫（Ivan Pavlov）的经典条件反射实验作为例子。

合客户个人要求和愿望的销售理由。请给予客户他此时渴望得到的那股至关重要的购买动力，以及在他做出下单决定时需要的安全感。成功的异议处理意味着销售员要下一番功夫，这个功夫不是在销售谈话时才开始下的，而是在对话前很久——几天、几周、几个月，甚至几年前。对顶级销售员来说，学习应对异议，就像学习一门外语。

如同每一门语言一样，异议处理也有自己的词汇、惯用语、语法规则、正字法和发音规则。将这些理解并记忆下来，是您作为销售员躲不开的工作。只有这样，您才能区别于那些平庸的销售员。这类销售员只会不断对客户重复自己那些生硬的、索然无味的、内容空洞的销售桥段，而您的目标却截然不同，您要不断扩大自己的词汇量，并将语法规则融会贯通，直到能够从容应对任何情境下任何客户的任何异议为止。

83. 借口是异议前面的一道防护墙

只有当您识别出客户的条件和借口，并让它们都暴露出来之后，您才能够进入异议处理阶段。

这里的"条件"，指的是无法更改的前提。这个前提是客观存在的，也是不容置疑的。您的产品必须要符合这个前提条件，才能被客户所考虑。比如，作为不动产中介商，您不能将一套房子卖给养狗的客户，如果这栋楼禁止宠物进入的话。您不能在这时大夸特夸房子的优点，以至于客户都开始在脑海中描绘房屋的格局了。这么做是绝对不行的！

而"借口"则是客户在感情层面上对您产品的反应。由于客户害怕丢面子，或者错误地理解了"礼貌"的概念，或者对销售员及其公司还不够信任，他会搬出一个理由来。但这个理由并不是他拒绝的真正原因，而只是一个盾牌，是立在异议之前的一道墙。例如客户会谎称自己受到时间或资金的限制，利用这种常见的托词，客户能够为自己建立防御。客户也经常会表示自己缺乏决策力，比如："在做决定之前，我必须要和 XX 先商量一下。"

您不能通过论述来化解一个借口，客户也不希望您这样做，因为客户找借口就是为了保护自己，防止您发现他们拒绝的真正原因（即异议）。一个有效的区分借口和异议的办法是，将假设性让步与悬而未决的问题结合起来，例如：

客户："我的预算不够买这个。"

销售员："客户先生，假设您的上司给您批了一大笔预算的话……"

（销售员不把话说完，而是开始保持沉默……1、2、3……问题飘荡在空气中，并没有被回答。）

客户："即便这样我也不会买。"

销售员："那您肯定有别的原因……您的原因是……"

（销售员再次停下来……1，2，3……问题依旧悬而未决。）

客户："好吧……我听业内的同事说过，您在应对投诉以及设备维护方面做得有问题。"

在这个案例中，销售员可以尝试利用提供资金类方案，或者租赁方案，来化解客户的借口，但这样他肯定很快就会失败，因为他的方案并不能解决客户真正的异议，而客户在此之后一定会像变戏法一样拿出新的借口。如果一面防护墙被拆除了，客户肯定会再建一面墙，直到销售员招架不住决定放弃为止。如果您作为销售员，不能发现客户真正的行为动机，那您就无法说服客户。不要像浇花一样尝试淹没客户的每一个理由，而是要花费心思，正确地理解客户用来反驳您的论据。每一个借口，其实都是一个被伪装的异议。

利用假设性让步和巧妙的问题，您可以挖掘出客户的异议，而不让他感到难堪。之后，通向异议处理的那条路便畅通无阻了。为您的交易扫清障碍吧！

84. 异议处理 = 收集信息 + 提供信息

异议是客户由于缺乏产品信息，或对您的产品介绍产生了误解，而提出的对产品不利的主观论据。客户有权利要求您在这时想出一些应对的办法，以便让自己能够信任您。这绝不意味着，您要重复已有的观点，将客户在其他方面已经接受的利益论证再次强加给他。客户这时需要的，是那些有说服力的、能够完善所缺信息，或能够消除现有误解的论证。炒冷饭，不断重复那些已经用过的花言巧语，并不能让客户与您继续前进。"水滴石穿"这条古老的智慧在这里可不适用。这时，您应该拿出有新意的应对策略，用聪明、礼貌的方式来展现自己的顽强，而不是不惜一切代价坚持自己的观点。这里有几个专业的建议：

注意收集那些您经常在销售谈话中遇到的、标准化的异议，并思考应对这些异议的假想方案。请记住下面这些表达，以及类似的表达方式，以便能在不同的情境中，在不同的客户面前用上它们：

* "假设……"
* "我们假定……"
* "请您想象一下……"
* "请您在脑海中构想一下……"
* "假如情况是……"
* "我有个建议……"
* "我有个想法……"

当客户提出异议时，注意他的声音、目光、面部表情和肢体语言。他是坚定地看着您的眼睛，还是目光游离？他的声音是清晰还是虚弱，语速是急促还是适中？他是靠在椅背上，双臂交叉抱在胸前，还是将自己的双手和双臂都张开？您能从中得出哪些结论？他是敞开心扉期待着您的论证，还是躲在自己的堡垒中？

请确认客户的异议，但不要只靠说一句"对"。您应该积极地倾听客户，可以用"OK""嗯""我懂"等语气词和客户呼应。通过积极地倾听，您可以让客户知道，您对他们的异议非常重视。让客户把话说完，将您的身体稍稍前倾，并保持与客户的目光交流。请做笔记，以便为接下来的回答收集信息。

如果客户用一个不切实际的异议将您逼到了墙角，您也要保持冷静，不要受情绪的驱使而说出一些冲动的话。不要和客户争吵，因为客户永远都希望自己有理。如果您为自己辩解，那即使您能拿出有说服力的反驳观点，客户也会觉得自己的攻势是有道理的。这时客户根本就听不进您的话，因为在截至目前的谈话进程中，实在是出现了太多的误解。您要重新将谈话展开，找出造成误解的根源，并消除这些误解。

您不应该等待着客户在对话中提起那些符合期待的模式化异议。作为优秀的销售员，对这些异议您应该早有准备。那不妨给客户一个惊喜吧："您一定在心里问过几个问题了吧，比如与目前的供货商相比，我们能为您带来哪些增值？"通过这样的提问，您可以弱化客户的论据，自主决定异议出现的时间，并保持对谈话的掌控力。

85. "不"，意味着还需要一点鼓励

"不"、自我防御、不答应、回绝、抗议、驱逐、斥责、断然拒绝、婉拒、赶走、打发走、谢绝、顶回去……要将"不"字甩到别人脸上，拒绝一个人，或者拒绝他的供货及建议，那我们真是知道太多相关的词汇和方式了。

没有哪项工作会像销售员一样要面对这么多拒绝。因为"不"这个字，特别容易从客户的嘴里蹦出来，绝对比"好"字容易多了。当然，这并不奇怪，在这个高度透明的供应商市场中，客户拥有巨大的权利，这种权利主要体现在：客户会严格地比较和选择产品，并对很多产品说"不"，因为客户可以通过网络来寻找需要的信息，而成功找到的可能性已经趋近于无限大。当然也可能有时候客户就是看销售员不顺眼，或者他清嗓子的方式让客户厌烦，或者客户前一天晚上没睡好，或者……

即使是顶级销售员，也会时不时听到那个"不"字，也会因为那个"不"字而难受，因为没有人喜欢被拒绝。而顶级销售员和其他人的差别便是，他们懂得如何去面对客户的"不"。

您当然可以瞬间倒下，因为客户的拒绝让您痛彻骨髓。您可以屈辱地撤退，也可以让自己重新回到那场已经注定失败的战斗中，您可以用粗野的侮辱性言辞来还击客户，因为您觉得"反正现在一切都无所谓了"。

但您也可以深呼吸一下，控制住自己的失望、愤怒和不解，并让自己高兴起来。这么来看最初听到的那个"不"字吧：销售工作是在客户说出"不"之后才开始的，否则便只是在做分销。作为顶级销售员，您要享受客户的拒绝，因为从这时起，一切才会变得有趣。"不"，意味着还需要一点儿鼓励。

客户说出的"不"，绝大多数情况下都不是他们的最终决定，而仅仅是一个最强硬的异议。在顶级销售员看来，客户说"不"，其实等于在说："帮帮我吧，销售员，因为我还没有被说服。"也有一些客户，自己不清楚自己有哪些异议，或者不知道该如何表达。而这时，您就应该帮助客户将他们的异议挖掘出来，然后再用合适的论据将异议弱化。这样，您就能再给客户一些额外的购买动力，并让客户的"不"变成"好"。

客户的"不"就是您的机会，让您证明自己作为销售员是多么优秀。

86. 价格不变

您在第一次见面之前就已经了解了您的谈话伙伴和他的公司？您搜索了他们的关键信息，并在打电话约定面谈日期时做了笔记？您在和客户寒暄时面带微笑，并有力地和他握了手？您的穿着得体，表现专业，肢体语言体现了您自信的沉着？在需求分析阶段，您用严谨的方式找到了客户的需求和购买动机？在展示产品时，您对客户利益的论证无可挑剔？您已经巧妙地化解了客户的异议？

如果一切都是这样进行的，那客户已经明白，您的产品不是便宜，而是物有所值。如果您已经从容地带领客户走过了上述阶段，那么他自然会进入议价环节。一个主动开始谈论价格的客户，其实就等于已经购买了您的产品，因为他发出了渴望得到产品的信号。

而余下的就只有价格问题了：如果您百分之百地认同自己的产品，并绝对相信它就是适合客户需求的最棒的那款，如果您带着这份自信来捍卫自己的价格，那么客户一定会接受它。您的价格是最令客户信服的，因为它不高不低，也不是一个糟糕的妥协。这样的价格，客户是愿意承担的。

您应当传达的信息：这份价格是我产品的一部分，就像房子和房顶的关系一样。您在提到价格时要表现得很自然，并清楚地将数字报出来，不要迟疑，不要犹豫。您清晰的立场将会告诉客户：价格是不变的。针对这款产品、这种性能、这类条件，价格没什么商量的余地。在您如此坚决的态度和坚定的话语下，客户会和您一样，觉得这个报价是理所当然的。客户会发现，在您和价格之间，真的连一张白纸都插不进去。

平庸的销售员会在谈生意的过程中陷入动摇，因为他们在会见客户之前，工作就做得马马虎虎，而客户一定会发现他们的准备工作有多差劲。准备工作不到位的人，一定会心里没底儿，而内心不安的销售员，最迟在议价阶段也就扛不住了，因为客户会将自己开出的条件强加给他们，而只有满足了这些条件，客户才打算谈论购买事项。

在销售过程中，价格仅仅是众多因素中的一个。只有在销售员害怕提及价格时，价格才会突然变得重要起来。而客户则会利用这一点，把价格当成自己的论据，将销售员逼入守势。而这之后，客户对低价的追逐便会拉开序幕。

借助您的准备工作和销售态度，您将可以决定最终成交的价格。如果您能让客户清晰地看到产品为他带来的收益，那产品便会充满吸引力，以至于价格都是次要因素了。因为您的产品性价比高，物有所值，所以价格不变。

87. 价格谈判中最重要的感觉是自尊

您散发的光芒，最终会自然而然地照到自己身上。普通销售员拥有普通的客户，他们只能为自己差强人意的方案争取到马马虎虎的价格，而顶级销售员会和顶级客户谈生意，并让自己拿到只属于赢家的价格，因为他们的方案配得上这个价格。

您会觉得，一切就这么简单？那换个角度来想想吧：价格并不仅仅是一个苍白的数字，它也不仅仅代表了客户拿到手的产品，价格更多地代表了您为产品和客户付出的努力。价格中包含着您的心血，您付出这份心血，只为成为客户能遇到的最好的销售员和客户经理。价格同样也是你们日后关系的保证。简而言之，价格体现了您对销售这份工作的热情。

作为优秀的销售员，您自己本身就值这个价。您心里一直都要清楚，自己永远不会将产品低于什么样的价格卖出。您的技能、责任感和心血价值几何？什么样的价格会让您失去尊严？您应该要求什么价格，才能保护自己的自尊心？

请让客户感受到，您完全站在自己的产品和价格这一边。为客户展示产品能为他带来的益处，是谈话的第一乐章；向客户说明，产品的价格和性能是相互对应的，则是第二乐章；而让客户在此之外感受到您作为销售员的热情，才是价格谈判中的真正的高潮。

那些贴着"悲观者"标签的销售员会觉得，价格（区间）是公司定的，他们对定价没有任何影响力，在价格方面也没有任何回旋空间。"会计型销售员"就是这么想的，当然还有那些懦弱销售员，他们任凭客户将"底线"强加给自己，却只会接受，而不会质疑、推回，甚至跨越客户的"底线"。就算价格真的是规定好的，您也能为客户提供一项独一无二的、只能在您这里享受到的增值服务，那就是您作为客户经理的责任心。

您面对产品的态度和为产品做的准备工作，决定了您进入价格谈判时的自信度。您的自尊决定了价格，而这个价格不仅仅是产品的价格，您作为销售员同样值这个价。所以，平庸的销售员拿到普通的价格，而顶级销售员却能拿到顶级的价格。

您的自我价值感有多强烈呢？您作为销售员又价值几何呢？

88. 为价格而自豪，就是为自己的工作而自豪

客户："您的报价超出我的预算很多了。外面还有更便宜的产品。"

销售员："是的，不过我们的维修间隔期比我们竞争对手的要短。"

客户："这一点我并不确信。您必须做出更大的让步。"

销售员："好吧，我在价格上还有一点运作空间……"

关于这个销售员的态度，我们只能从此次价格谈判中得出一个结论：客户利益论证为零，顽强指数为零，销售员的自尊为零。总和便是，销售员对价格的自豪感为零。

仅仅一阵微风吹过，销售员便倒下了。向他迎面吹来的，真的连逆风都算不上，而只是一股柔弱的气流罢了。但在这之后，销售员便陷入了价格下降的旋涡中。他现在唯一能做的便是将产品以仅仅高于底线的价格卖出去。而他则会显得越来越渺小，因为客户已经如猎狗一般嗅到了销售员对失去订单的恐惧。客户会

想：如果他这么快就投降了，那我还可以捞得更多一些。所以，客户对销售员的尊重同样为零。

对价格的自豪感意味着，您对公司、产品、自己的方案及业务水平的那份强烈的、发自内心的骄傲，还有您对销售职业的热爱，以及您对客户的责任感，这一切全都体现在价格之中。正因为如此，顶级销售员才会在议价时展现出他们的顽强。对价格的自豪感会阻止他们仅仅为一个数字而开口。相反，他们会强调，客户能从他们付出的劳动中获得哪些收益。销售员付出的努力，绝不局限于产品本身为客户带来的好处。包含在价格中的，还有销售员的技能、热情和责任心。正是这些增值，让销售员为自己的价格而自豪。顶级销售员在议价时的信条是，这个世界上所有的东西都有自己的价值，我的劳动同样有价值！

顶级销售员能够谈上一个小时的价格，却不会让自己汗流浃背。特别是在面对"很贵"或者"太贵了"这类异议时，他们的表现尤其轻松："客户先生，的确，我们的价格标准比较高，所以您能得到真正出色的、有价值的东西。高水准的性能对您来说有多重要呢？"

对价格的自豪感并不意味着您要像卧佛一样漠然地面对着客户的价格要求，静等着它们自行消失，并毫不妥协地坚持自己的价格。恰恰相反，您应该像台风中的竹子一般有弹性。身躯要柔韧，但必须屹立不倒！

您要展现出自己的谈判意愿，以及对价格的自豪感，这种自豪感值得客户尊重。所以，降价绝对是错误的答复，正确的答复是，更低的价格意味着更少的服务。

89. 报价函属于您的客户

客户编号：320673
我方代码：hu7254

供货号：7254

尊敬的客户，
基于我们 2016 年 6 月 5 日的谈话，我方为您提供……

报价为 × × 欧元

请您留意附件中我方的一般性条款以及供货和支付条款。

我们希望能为您提供合适的产品，并希望您能够成为我们的客户。如果您有什么疑问，我们的客服人员将会为您服务。

诚挚的祝福
汉斯·胡贝尔（Hans Huber）

　　绝大多数报价函事实上等同于人身攻击：价格打成粗体，服务特征即便被提及，也会被很好地隐藏起来。这不是报价函，而是价目表。写这种报价函的销售员，就是活着的价目牌。

　　在这里，我并不是反对模板。如果模板足够专业并符合时代要求，那它可以为报价函提供一个合适的框架。然而很多销售员却并没有为这个框架注入生命力，因为模板中没有出现他们专门为收信客户所写的原创性内容。结果便是，报价函变成了模式化的、无聊的、死气沉沉的词语罗列。在客户眼中，这样的报价函就如同那些包含着可疑理财项目的垃圾邮件。客户希望能在报价函中找到自己。换句话说，报价函是客户的，不是销售员的，销售员要为客户，而不是为自己去写这封信。因此我们要注意以下几点：

　　* 避免使用"提供"这个概念，请将它换成"推荐"。这个词听起来更好、更诚实可靠。

　　* 永远不要将价格加粗，而是让客户在阅读时把注意力放在服务特征上。请将价格夹带到服务特征之间，就像火腿三明治中的火腿一样。

　　* 请让文章的结构一目了然。避免大段的话，即那些读起来不能激励客户，反而会打击他们的段落。写作的目标应该是，客户在几秒钟之内就能发现最重要的内容，并将它们梳理归类。

　　* 请通过邮局为客户发送纸质的报价函。过去理所当然的事

情，现如今却变成了例外。请将专门为收件客户设计的报价函，写在一张特别的纸上，并装在一个即使稍稍弯折，看起来也依旧很秀气的信封中。用这封奢华的信，来给客户一个惊喜吧！

*请同时将报价函通过邮件发给客户。您应该将报价函做成一个包含您公司商标的 PDF 文档，以附件的形式添加到邮件中，而在邮件正文中，您只需提及报价函的缘由，以及告知客户附件的内容。

*无论是纸质版还是 PDF 电子版报价函，函件都要有封面，并且客户要能在封面上看到自己的名字以及自己公司的商标。

报价函属于销售工具。您的客户能从报价函中看到您的能力、专业性以及您是否以客户为导向。如果您能让自己与众多只会套模板的、平庸的报价函写手区分开来的话，您就能让客户拥有那种被您精心照顾的感觉。

将您的报价函变成一段小小的历程吧，一段和您的客户同样独一无二的历程。

90. 最好的价格谈判，就是无须谈判

不完成自己的作业，您就无法坚持自己的价格。如果您不能

规规矩矩地分析客户的需求，也无法领悟客户的购买动机，您的客户利益论证便会苍白无力，也就是说，客户无法在您的论证中找到自己的身影。这样的话，在产品展示以及异议处理阶段，您就会遭到客户的抵抗，而最迟到了议价阶段，您的"球队"便再也找不出能够冲破客户防线的"前锋"了。

这还不算完，绝大多数客户在进入议价阶段后，都只会琢磨着价格，却将您产品的优势抛到脑后。您的任务是将客户从价格的隧道中拉出来，并为他们在价格和性能之间搭建一座桥梁，也就是将客户的注意力从赤裸裸的价格转移到产品的性价比上来。

然而，如果您没有材料，也不能为自己搞到钢筋混凝土，那您如何建造这座桥呢？同样道理，如果您没有合适的论据，那您又如何能在议价时不断地提醒客户注意产品的性能，并让他们清楚产品的优势、增值，以及产品能为他们带来的个性化收益呢？之后剩下的就只有价格了。这意味着，您要面对那些让您难受的折扣、让利，以及特殊条款。

所以，在您确信您的利益论证符合客户的期待之后，再开始谈论价格。如果您发现客户在利益论证阶段没能跟上您，那您最好重新回到客户的需求分析以及客户的购买动机上来。

如果您的客户很早就开始询问价格，那您可以给他提供一个价格范围，这时您首先应该报高价，而最后再报低价，因为低价更容易被客户记住。您可以用下面的回答让客户明白，您绝不逃避议价，但更希望过一会儿再开始："客户先生，请让我们先把您的需求搞清楚，以便我们能估计出一个与您的需求相符的价格。"

只有进行了无可挑剔的客户需求分析，并将客户的购买动机华丽地展示在自己的眼前，您才能从容地坚持自己的价格。只有这样，您的客户利益论证才会发挥作用，您的客户才会觉得自己受到了很好的照顾。如果您能将此类技能以专业的方式应用到销售中，客户就会意识到您服务的价值，并遵循您的价格。这样，价格就会变成次要因素了。

91. 两次报价之后就要收手了

想象一下这个场景：您已经为客户做了两次报价，然而两次都没有达成交易，因为客户不想接受您的报价，而是想继续谈下去。但价格是不能动摇的！现在客户第三次打电话来，希望能说服您再一次调整价格。看来，客户的信条是，我要同顶级销售员一样，表现得礼貌而顽强，这一招定会管用。

客户："销售员先生您好，您看到了，我是不会松口的。您什么时候才能为我提供一份合适的报价呢？"

您："客户先生，您又想到了我们，真是太好了。这次您想在报价函中具体看到哪些内容，才愿意和我们做生意呢？"

客户："看到您为我们提供最优的价格。"

也许这个客户的确对您的产品感兴趣。他只是一个顽强的谈判者，一个绝对希望和您做生意，却想按照自己的价格成交的人。如果这招不管用，他会努力在可能的范围内，尽量多为自己争取一些利益。这样的客户，就好比是一条已经在您钓钩上挣扎的鱼，您完全可以继续和他谈您的条件，就好像回到了美好的过去，回到了那个还有公司可以垄断市场的时代……

但是，醒醒吧！这只是一场梦！更现实的版本是，如果您的客户已经第三次问价，那他这么做，很可能是为了给自己目前的供货商施加压力。因为，如果他前两次都没买的话，他为什么会在第三次报价之后下单呢？

不要配合客户完成他的"采购优化"。不要让自己被利用，来方便您的潜在客户充分行使自己的"市场权利"。客户这么做倒是实属正常，但这绝不意味着您应该入戏。"客户先生，您应该在上一封报价函中就读到了，我们并不是靠价格来给自己定位，而是靠产品的性能。如果您可以考虑一下性能的话，那么请问，您尤其喜欢我们产品的哪些特征？我们这一次依旧不会成为价格最低的那家。但现在请您鼓励我一下，告诉我是什么原因，让我应该为您再做一次报价呢？"

绝妙的答复！这时您的客户必须做出清晰的表态：他要么很不情愿地坦白，自己只是需要您的报价，以便在价格方面给当前供货商施加压力；或者，如果那种不太可能出现的情况真的出现了——客户的确想要您的产品——那他同样无处逃避，只能说出自己的想法。而这之后，您便掌握了主动权。

92. 情景决定价格

要想充满自信地主导价格谈判，除了准备工作、客户利益论证、自尊以及对价格的自豪感之外，还有一个重要的方面：如果谈判的氛围能彰显您的专业性以及对客户的重视，那您就能让产品额外升值，并让产品被您的能力、专注度和威信的光环笼罩。

无论销售谈判是在客户公司，还是在您的办公室或会客厅进行，您的举手投足，都能体现您对客户的重视。您提供的服务当然是主要因素，而您注重的那些细节，则是画龙点睛的一笔。细节并非代表"很多"，而是代表了"全部"。这句话在议价阶段同样适用。

*您的座驾是否干净？您永远都要想到，客户可以通过办公室的窗户看到您下车。假设您是客户，如果您要接待的销售员车身上满是泥点，您会怎么想呢？

*您的装束是否得体？您希望通过外在形象来给自己赢得好印象？那您不仅要注意让自己的西装合乎规范，皮鞋干净闪亮，还要留意诸如饰物是否过度惹眼之类的细节。穿刺和文身是不着调

的，除非您的客户是饰物店或刺青店的老板。永远让自己看起来比客户多一分"商业范儿"。您可以挑一个没有客户拜访的日子，在自己的办公室里过您的"便装日"。

*您的销售装备是否合适？上档次的公文包、从原装真皮袋中拿出的名牌签字笔或钢笔、装在高档电脑包中的像样的笔记本电脑、干净的文件保护袋、装在有机玻璃盒或铝质盒中的手工纸材质的名片。谁如果想挣客户的钱，那他自己看起来也要值钱，不是吗？

如果您的客户登门拜访，那您不仅要注意自己的衣着和装饰，还要营造一个温馨舒适的会谈环境。

*您的办公室或会客厅是否干净整洁？如果客户看到的是您堆满杂物的办公桌、垃圾已经冒尖的纸篓，还有凌乱的书架和餐具柜，那他将如何定位您的"重点客户服务"呢？

*您最好直接递给客户一小瓶圣培露矿泉水（S.Pellegrino），而不是给他一杯您刚接的自来水①。请为客户提供现煮的咖啡，而不是保温壶里倒出来的劣质咖啡饮料。不要把邻家面包坊的一次性纸杯拿来给客户装咖啡，而是给客户一个图案朴素的、不带柄的瓷杯，以便他能用手掌来握住杯子。同样道理，白糖也要装在

---

① 自来水在德国属于直饮水。

瓷罐中盛上。橙汁必须是鲜榨的，刚刚从冷却装置中拿出来的，而不是折扣店里的低价果汁，饼干必须是从糕点店买的，而不是0.99欧一包的那种。

您觉得这一切太折腾了？那我想反问一句：一份丰厚的订单，以及一份稳定的、持续多年的、能为您带来诸多追加订单的客户关系，难道还不值您这几欧元的花销和几分钟的准备工作？

如果您行事够专业，营造的交谈气氛够迷人，那客户就能感受到您对他的重视，这之后，您就不用再去讨论价格了。

93. 失去订单的恐惧导致降价

"我太需要这份订单了……如果我的客户跑了，那我去葡萄牙度假的计划也就告吹了……我该怎么和我老婆解释呢……我的老板也肯定会让我难堪……我的同事肯定又会用同情的眼光看着我，然后用'一切都会好的'这类虚伪的话来悄悄安慰我……如果我不让步，那订单就完蛋了……这位客户可是块硬骨头，他总是有各种涉及产品细节的问题……我的产品展示肯定没能让他信服……现在，我只能用降价来引他上钩了……"

如果销售员每一个毛孔中都散发着对失去订单的恐惧，那他肯定会脑补上面的场景。我们都知道：身处于令人不安的局面中时，要想让自己摆脱困境，那"恐惧"绝对是最差劲的帮手。可为什么这样的销售员会感到如此不安和恐惧呢？

　　首先，销售员肯定没有好好完成自己的家庭作业。这样，他的客户需求分析必然是马马虎虎做完的，而且没有严谨地推断出客户的购买动机。结果便是，客户在产品展示阶段便提出了异议，并打乱了销售员的阵脚。想要自信地进入议价阶段，这可绝对不是什么好消息。其次，销售员内心的不安，让他本就不正确的心态变得更加糟糕。他没有带着自己的乐观、自信、自尊以及对价格的自豪感进入议价阶段，恐惧反而成了他最大的"动力"。他并不渴望为公司和自己争取最好的结果，他的目标是，无论如何只要卖出点东西就行。这样的话，价格谈判的结果便可以预见了：销售员向客户抛媚眼，暗示自己可以降价。客户再一次感受到了销售员的不安，并决定对价格发起攻势。客户对折扣的渴望，与销售员对失去订单的恐惧简直是不谋而合。最终结果只能是，销售额蒸发，利润缩水。

　　顶级销售员则会借助自己强大的精神力量，作出自信的答复。他们不会让自己失去冷静，而是坚持强调性价比，并将自己的目标——完成交易——牢记在心。他们的回答：

＊"客户先生，请让我们双方都以胜利者的姿态离开谈判桌吧。"
＊"客户先生，您买的不仅是产品标出的价值，还有我的心血。"
＊"客户先生，我们不是想创造销售额，我们是想让您成为我

们的客户。"

　　* "客户先生，我知道，您是想要和我们谈的。"

　　如果客户十分顽固，只愿骑着"打折"这匹马四处游荡，却怎么也不下马，那您就以其人之道，还治其人之身吧：

　　* "客户先生，我们的原则是：100% 的品质对应 100% 的价格，90% 的品质对应 90% 的价格。"

　　* "我们当然可以给您降价，如果您希望产品的品质也相应下降的话。"

　　* "我们当然能给您一个更低的价格，但您想放弃我们的服务项目中的哪一部分呢？"

　　请拿出冠军的样子来：走出失去订单的恐惧，进入赢家的状态！客户只会在赢家手里下单。

94. 缺乏自信是一张"打折许可证"

　　很多平庸的销售员之所以不能在议价时坚持自己的价格，一个重要的原因便是他们对销售的产品以及自己所在的公司缺乏认可。此外，他们对自己同样缺乏信任：他们不相信自己的销售技能、专业知识，以及自己在客户面前的优势。

　　当然，这类销售员之间也存在差异：有些销售员虽然认可自己的公司，并相信自己，但他们对自己的产品和服务项目却缺乏信任；有些虽然觉得自己的产品所向披靡，并愿意为公司工作，可他们会在心中数落自己以及自己的性格；而另一些人觉得产品不错，也相信自己，却想跳槽换公司。当然了，还有一类销售员，自己对什么都不信任，却依旧敢去见客户，但他们肯定是干不长的，因为谁愿意去认真对待这样的销售员呢？

　　无论您从哪个角度来看待，事情都是这样：作为销售员，您必须完全认可您的产品、公司以及您本人，否则您无法坚持自己的价格。对自己的公司缺乏信任是很危险的，而不信任自己的产品和服务项目则是致命的。对自己的怀疑，在价格谈判中就相当于一张"打折许可证"。

　　"我们希望能为您提供有趣的产品和公平的价格。"——那些四处流窜的、任人宰割的推销员会这么说，而那些坚定地支持自己的产品、公司和价格的销售员，是绝对不会这么说的。他们会用这样的话表达出自信和对价格的自豪感："是的，客户先生，我们的价格不是最低的，但我们的性价比是无与伦比的。您知道我们的产品多么适合您，您也知道，我们的公司配得上目前的好名声。同样包含在价格中的，还有我的心血和责任感。"

　　顶级销售员会让客户感受到，他们多么为自己的产品、公司和职业而骄傲，并会为客户投入自己所有的能力和全部的热情。

他们会让客户察觉到自己对价格的自豪感。

说句实话，您对自己工作的自豪感有多强烈？这种自豪感，您又能让客户感受到几分呢？

95. 禁止打折

客户："我看到了您产品的优势……也许我们该谈谈价钱了。您能给我提供什么样的报价呢？"

销售员："价目单上的价格是 XX，但还可以再优惠一些……"

客户在听到销售员这样的答复后，会怎么想呢？

第一种可能：我还没开口问，他就开始打折，这里面肯定还有更大的折扣空间。看看我还能砍下多少价，我得像挤柠檬一样压榨他。

第二种可能：和这位谈判真是一点意思都没有，好无聊啊。我得马上去找他竞争对手那边的迈尔先生谈谈了，至少他不会这么快就投降。

第三种可能：这位这么快就给我打折，真是少见啊……他为什么这么做？是不是产品有问题，所以他想把这个没人要的破烂卖给我？

无论最终哪种情况属实，销售员都相当于在拆自己的台。他想让客户知道，自己是如此迫切地想要拿到订单，以至于已经准备好让自己深陷客户的暴力中，并准备乞求客户的压榨：我的价格您可以随意操纵，请尽可能地压价吧，我会一直配合您，就让我跌入打折的深渊吧。

如果您一开始就挥舞白旗投降，那您定会害了自己。您不仅损害了个人的信誉，而且还损害了公司的，长期来看还有整个市场的信誉。您摧毁了客户对您产品的信任。客户不再有安全感，他们开始怀疑您产品的质量和性价比，同时还会怀疑您的报价、您的公司，以及您本人的可靠性。无论您怎么想，这种怀疑对销售员来说都是致命的。

短期来看，一次单方面的降价也许可以让您获得订单。但长远来看，这种行为绝对帮不了您：一旦您争取订单的方式在业内传开，那么最早以起始价（即较高的价格）购买过您产品的客户，一定会用退货和投诉来轰炸您。您的信誉将会消失，客户对您的尊重将荡然无存，您在业内的名声也必将败坏。为了一张订单，这一切真的值得吗？

即使客户明确地提出关于打折的问题，您也永远不能在尚未获得回报的时候就降价。提供折扣是禁止的。

96. 单纯围绕价格展开销售，定会毫无优势可言

所有的销售员同样也是客户，而很多平庸的销售员自己也会一分钱掰两半儿花，并按照"节约至上"的原则来购买产品和服务——东西一定还能更便宜的。销售员如果总是戴上价格的眼镜去看待产品，并总买便宜货，那他销售时也一定会将产品或服务的品质及增值空间忘到脑后。如果销售员自己眼中就只有价格，那他又如何去销售高品质的产品和服务，并拿到高价呢？如果销售员自己都感受不到产品的增值空间，并无法用让人信服的方式介绍产品的性价比，那客户又该如何评价产品能为他们带来的收益呢？

如果您仅仅通过赤裸裸的价格来销售，那您并没有将热情、心血以及对价格的自豪感倾注到销售中。您的销售工作便没有包装、没有表现力、没有个人风格，当然也毫无专业性可言。客户无法观看、倾听、品尝、感受，并理解产品的收益、好处及增值。

您的客户需要（产品的）优势，需要从您提供的方案中获得利益，比如：创造收益、降低成本、解决问题，以及从您的顶级服务中受益等等。客户希望能在眼前看到这些优势，并一把抓住它们。客户愿意去想象，您的产品能为他的公司、部门或者住宅带来哪些积极的效果。所以，当客户仅盯着价格时，您要让他知道自己错过了什么，您要让客户看到，不在您这里交易会带来哪些后果。

　　如果客户真的不如您所愿，就是死死抓住价格不放，那您也没有别的办法，只能对他开诚布公了：

　　销售员："客户先生，我们刚才一直都在谈什么呢？"

　　客户："谈价格。"

　　销售员："客户先生，我作为销售员的任务是，开出与产品性能相匹配的价格，因为我们都知道：只有价格和品质相符的时候，这笔生意才能对双方都划算。"

　　这之后，您可以将价格穿插在客户的购买动机、产品的优势以及客户能获得的利益之间，就像客户的法式面包师一样，为价格的面包加上各种诱人的辅料。对客户来说，这样的组合，肯定比只夹了"价格火腿"一种食材的白面包要好吃多了。下面这段话就是一个很好的例子：

　　"客户先生，这台商务电脑配有高清显示屏，以及续航时间达 12 小时的电池，让电脑一整天都能完美地为您服务，只需'一七八三'①，您就能拿下它。除此之外，您还将获得 USB 3.0 快速接口，方便您利用投影设备做展示，另外还有外接光驱、转换插头，以及一个实用又不失奢华的电脑提包，方便您在旅程中保护您的电脑。"

---

　　① 这里指的是 1783 欧元的售价，关于报价技巧，详见第 99 条法则。

或者您可以利用一条"增值链",来让产品的优势、客户能获得的利益,以及产品的价格彼此衔接起来。这个方法的关键点是,您不提价格,而是单纯地强调客户能获得的收益:第一步,列举出三个对客户来说重要的产品优势:"我们的产品包含了a······b······c······";第二步,强调客户能从中得到的收益:"这对您来说意味着a······b······c······";第三步,做出结论:"这些加在一起,对您而言肯定是物超所值的,不是吗?"

利用巧妙的客户利益论证,还有您的表现力和您对销售工作的热爱,来鼓励客户将目光放到性价比上来。这之后,价格就显得不那么烫手了。

97. 客户关系会帮助您留住优质客户

不仅很多平庸的销售员会单纯地围绕价格来销售,却完全忽略客户利益论证,并在工作时毫无情感和表现力可言;同样有很多公司也会将价格至上的观念强加给销售员,并要求他们在销售谈判以及价格谈判中遵循以下两种典型的策略:

* "关键是,无论如何,你要拿到订单。"——这类公司的信条是:不要因为价格而失去生意。(Don't lose a deal about the price.) 这种"差劲的交易比失去交易要好"的方针,可以在短期

为公司带来一些订单，可是长期来看呢？销售员还如何能对产品有哪怕一丁点儿的自豪感？销售员如何获得动力来为客户全身心投入，并让他们信服产品的价格？如果一切都是围绕价格展开的，那销售员该如何获得努力工作的激情？

* "你可以在这个范围内降价。"——公司为销售员确立了一个固定的打折范围，这样做的后果便是，销售员只会考虑价格，而在销售时不会从产品增值、产品品质以及客户利益论证等方面出发。销售员当然会选择阻力最小的那条路，即那条毫无热情和表现力可言的路。最初定的价格变得毫无意义，因为他们不会相信这个价格，因为还有足够的降价空间。一旦客户准备张口说出"降价"或"打折"，销售员便会迫不及待地屈从："是的，客户先生，我当然会给您最低的价格、最高的折扣，我会到达成交的价格下限。"

如果您热爱自己的销售员工作，如果您还重视自己的客户，如果您对自己的工作质量还有要求，那就马上离开这样的公司吧，否则您的下场会很惨。

当然，事情也可以朝别的方向发展。与客户建立关系，就是以上两种销售策略的对立面，也是销售员最重要的动力因素之一。

比如，您的老客户为了给您一个惊喜，而主动打来慰问电话，或者亲自来拜访您："我就想看看，您这边一切可好，是不是一切都还顺心。"如果您的观念正确，那您就不必扮演"照顾者"的角色。您只是那个随时都能为客户出现的销售员，因为您渴望如此。

那您如何在第一次谈话时就能让您的潜在客户知道，客户及客户关系对您来说有多重要呢？答案就是，您要"预售"自己。您可以告诉他："我跟在您附近的两个老客户打了招呼，如果您愿意的话，可以给我的老客户打电话。我把他们的电话号码给您。"您觉得接下来会发生什么呢？首先，对方很可能不会给您的老客户打电话。但您和老客户的关系那么好，以至于您可以完全相信老客户的举荐，仅这一点就足以打动对方了。其次，对方已经对您卓越的客户服务留下了初步印象。他已经能想象到，如果在您这边下订单的话，您会为他付出多大的心血。最后，您的价格将展现出与之前完全不同的魅力，因为对方已经懂得去正确衡量价格背后的品质。

请让客户知道，他能在您这里获得多么优质的服务。用您的责任心来打动客户吧，因为这与价格毫不相关。

98. 会做生意的人，不会白白送礼

价格不能变，因为您要坚定地站在自己的提案、产品和公司身后；因为您作为优秀的销售员，必须坚决支持自己的价格。您对价格的自豪感，不能允许您在没有获得回报的时候就提供优惠，因为您的产品值这个价钱，产品的性价比没问题。但如果您降价的话，那性价比就出问题了。

所以，不要在没获得回报的时候就降价！如果您要迎合客户，那客户也必须迎合您才行，这就是等价补偿原则（Quid pro quo）。一物换一物，我如此待你，你也要如此待我。如果您不这样做，而是单方面降价，那您便会让产品的价值，以及您个人的可信度遭受质疑。因为如果您已经用令人信服的方式展示了产品的优势，却不坚持最初的价格，而是作无谓的让步，那客户会怎么想呢？

如果客户想降价，那您就为他提供一份调整了价格的新方案，因为谈判的基础一旦改变，生意就得重新做。您可以询问客户，他想在哪个方面做出牺牲，以便为他提供新方案和新价格。如果客户无法决定，您可以给他提些建议。客户能给您的回报包括：

* 自提并自行安装产品；

* 较短的付款期限；

* 客户承担运输保险；

* 更长的售后维护间隔期；

* 提前付款；

* 推荐您的产品；

* 更大的订货量；

* 更长的合同期；

* 要求享受其他附加服务（额外付费）。

您的产品、您的服务，以及您的支付和供货条款，为您提供了足够多的出发点，让您能够为客户提供一份服务项目有所减少，但依旧有吸引力的新方案。而您最初的方案，当然还有最初的价格都是不受影响的。如果客户最终还是选择了包含所有服务的方案，那您就按照最初的价格直接退回到最初的方案上。

顶级销售员议价时的座右铭是：要么放弃服务，要么接受价格！如果您想避免单方面降价，那就引导客户放弃一些服务项目吧！

没有回报的降价，会摧毁客户对您的信任。更低的价格等于更少的服务。您要做交易，不要白送礼！

99. 面对攥着价格不放的客户，您同样可以开价

这类客户您肯定熟悉：尽管您在他们面前完成了具有说服力的产品展示，令人无法抗拒的客户利益分析，以及机智的异议处理，但他们依旧像抱着救生圈的遇难者一样，紧紧抓住价格不放。对他们而言，横插在价格和品质之间的，仿佛是科罗拉多大峡谷，而他们显然是站在价格那一边，只能用望远镜才能看到"对岸"的品质。他们一旦进入议价阶段，便会把其他一切都抛到脑后。价格将成为他们是否同您交易的唯一决定因素。

顶级销售员在销售谈判之初便会发现，他的合作伙伴是否属

于这类死攥着价格不放的客户，并对自己的状态做出相应的调整。而在议价阶段，顶级销售员则会利用语言上的手段，让价格不再显得那么严酷。

诸如"费用""价格""计算""花销"之类的词，会让这类客户觉得胃里发胀。那就换一些可以强调客户利益的表达吧。不要说"每小时的工作费用为 84 欧元"，而要说"84 欧元一小时，您便能拥有我们全套的专业技能。""拥有"这个词，包含着积极的元素，听起来缓和、舒适，并能向客户展示他可以赢得什么，而不是失去什么。

请通过使用较小的单位，以"轻柔"的方式说出价格，比如"十二张百元钞"或者"一二零零"听起来就比"一千二百"①更小，更轻柔。这个技巧如果与强调客户收益的描述相结合，您就能让自己的话语在客户面前发挥出更强大的效果，例如："仅需'一二零零'，您就能得到这款产品。"另外一个办法是，您先报出自己的价格，然后立刻提到一个小额的价格差，比较的对象则是您竞争对手的产品，例如："十二张百元钞，您就能得到这款产品，只比买 XX 多一张，但您可以获得以下增值服务……"

请为您的客户提供一个价格区间。您应该从较高的（或最高的）价格开始报，并在每句话结束时使用最小的价格单位，例如：

---

① 作者此处举了两个德语例子："zwölfhundert"和"einszwei"，类似于英语的"twelve hundred"和"onetwo"，中文直译为"十二个一百"和"一二"，直译的中文描述并不符合语言习惯。

"客户先生，在我们的床上用品店，您将可以看到各种不同的床上用品组合，您可以从容选择。比如这边的弹簧床，它可以满足所有您能想象到的舒适睡眠效果，仅需'一五零零'就能带回家；还有这边的冷发泡海绵床垫①，它适合稍低一些的舒适度要求，只需两百欧元。为了能够舒适地入眠，并在起床时感到精力充沛，您对一张优质的床有哪些期待呢？"

　　同样，您也可以通过非语言交流来消除客户对价格的恐惧。请用坚定且充满热情的嗓音，以及亲切的声调报出您的价格。用友好的目光看着客户，搭配上适度的微笑。请务必保持与客户的目光交流，并在看着客户眼睛的同时，轻轻点头。这一切将会告诉客户，您对您的产品和价格充满自信。通过这样的方式，您可以借助自己的嗓音和表情，鼓励客户对您的产品说"好"。

　　对于包含多个项目的方案，您可以让客户自己来算一下节约的支出。比如，您为客户提供了一个包含不同服务项目的套餐价。如果客户接受您的建议，他可以借助一张单项服务价目表，亲自计算自己一共省了多少钱。注意：这笔账一定要让客户自己算，以便他可以亲笔记下自己节省的份额。所以，永远不要把提前做好的效益计算带到销售谈话中，因为客户一定会觉得您的计算不可信。

---

　　① 在德国，弹簧床经常是一体化出售的（因为不需要床板条），而床垫（包括冷发泡海绵床垫）则一般需要额外搭配床架和床板条使用。

100. "太贵了"意思是"目前来看太贵了"

无论是商家之间的交易（B2B），还是"商对客"交易（B2C），您都能听到那句"太贵了"。"太贵了"绝对是最经典的客户异议之一，并有多种不同的表达形式：有"很遗憾，我虽然很想接受您的产品，但我付不起这个价格"这样的含蓄表达，还有诸如"这不在我的预算之内"的中庸之言，以及"这个价格简直太荒谬了"之类的充满怒气的话。就像客户向您打招呼，说"您好"一样，他肯定也会说出那句"太贵了"。这是必然会发生的，就像地球绕着太阳旋转，就像您每年都会庆祝自己的生日，就像您作为销售员渴望提升自己，因为您手心里正捧着这本书，不是吗？

如果您在销售谈判之前没有去思考哪些切中要害的应对话语是您能在合适的时机，在客户面前从容运用的，如果您没有对这句异议做好准备，那您就没有任何理由为自己辩解。"太贵了"往往意味着，客户还没有明白自己能从您的产品中获得哪些益处。所以，您应该在客户那句"太贵了"之前再加上"目前来看"这个词：目前看来，这款产品对他来说太贵了。所以，您应该继续为客户提供他所缺少的信息，并将其巧妙地融入客户利益论证中，这些信息要将产品的品质清晰地展示给客户，并引导客户正确地看待您的价格：

  * "是的，我们的确贵，但是好，因为……"

  * "是的，我们的性价比很高。"

  * "是的，我们对您很有价值，我们的价值体现在……"

  * "是的，我们价格定得高，因为……"

　　无论如何，您都要头脑冷静，不要让自己因情绪失控而下意识地做出辩解的反应。如果您将自己固定在防御的位置上，那您只能激化矛盾，并将遭到客户的怀疑，怀疑您是否良心有愧。尝试利用正确的问题，找出困扰客户的地方以及客户认为价格太贵的原因。这样，您能将造成客户异议的不同原因区分开来，并卓有成效地各个击破。不要单纯地谈论价格，而是永远将价格和产品及服务联系在一起。

　　面对那些顽固的价格坚持者，您还有一招可用：将价格平均分摊到产品长久的使用寿命上。这样，一方面您在没有任何让利的情况下，让价格显得更小了；另一方面，客户能明白，您的产品是他对未来的一种投资，并会长时间伴随着他。

　　"我可不想把你们整个公司都买下来！"有时候客户会用这类辛辣的讽刺或嘲弄来回应您的价格。绝大多数情况下，这类话语的背后都隐藏着客户的恼怒，因为他想要得到您的产品，但却不打算或者没有能力支付产品的价格。请保持冷静，忽略这类攻击性的话！否则您会令这种拙劣的攻击升值。您可以用怀疑的眼神看着客户，并尝试确定客户的批评究竟是不是认真的。

您应该为客户那句"太贵了"而高兴，因为假如客户说的是"我什么都不买"，那销售谈话在您着手努力之前就已经结束了。

101. 价格压力一旦瓦解，交易便会自然达成

在价格谈判时，客户当然会给您施加压力，也许是您的价格的确太高了，也许他想考验您的定力，也许他喜欢和您玩游戏，也许您的努力还没有让他信服，也许客户因为要拿出漂亮的谈判结果，而同样处在压力之下，也许……客户质疑您的报价，理由可能有千万种。尽管这种质疑让您心烦，但这的确是客户的权利。而且说实话，如果您真是一个充满热情的销售员，那么销售时的价格谈判就如同洒在汤里调味的盐，因为在议价过程中，您更能够展现自己的专业技能，只为能在客户面前挺住，并坚持您的价格。

请把这个情境看成是一次挑战。您应该对客户的态度表示理解，并让自己和那些与客户需求一同被挖掘出来的客户购买动机"无缝对接"。请记住：每一个购买决定都以感性为基础，即便客户相信纯理性的因素对他们的购买起到了决定性的作用。很多客户甚至愿意依靠内心的感觉来做决定，因为他们相信直觉。所以，永远不要用理性的分析来处理客户在价格方面的异议，而是要唤醒客户内心的感觉。

比如，即使客户对您机器的相关技术十分感兴趣，您也不要用产品细节来杀死他，而是应该告诉他，您的产品代表了最先进的技术水平，您的客户将会加入仅属于少数人的"迷你俱乐部"，俱乐部中的用户都是先进技术的"最初体验者"。

还有一个办法，也能在谈判时止住客户的怒气，并让他们感觉良好，这一招就是适度地夸赞客户。最好将赞美的话和一条论证客户收益的论据联系到一起，例如："客户先生，通过您坚定的谈话方式，我能看到，您十分确信能够得到一款与您个人需求完美契合的产品，否则您就不会和我谈下去了。"这样，您不仅夸奖了客户，同时也为产品升了值，您的提案和报价同样也会变得更值钱。

或者，您也可以夸奖一下客户的专业知识。您可以承认，客户完全有权利在市场中寻找性价比最高的产品，这甚至是他的义务。但要小心的是，如果您的产品并不是一枝独秀，那这样的赞美将会适得其反。所以，您要在销售谈话之前仔细搜索一下，您的竞争对手都准备了些什么。您绝不能将客户送到竞争对手身边。

您无论如何也不能答应客户对价格做出的具体要求，否则您将会为"降价"这股洪水打开闸门，而自己则会被毫不留情地吞没。请通过不断提及客户的购买动机，来化解价格谈判中的压力。这样，您将利用客户积极的情绪来迫使他做出购买决定，并将销售谈话从令人抓狂的划价引导到客户利益论证中来。

102. "竞争对手"不是干扰因素

"您的竞争对手开价更低。"除非您是刚开始做销售的菜鸟，否则您一定听到过这句老掉牙的话，它和其他那些您不断遇到的异议一样，是可以预见的。要想让这种压价策略失去效果，您需要了解市场，同时更需要了解您的竞争对手。您必须完成自己的家庭作业，具体来说，您要在销售谈话前更新自己的信息资源，知道您的同行目前准备了哪些产品和服务。

如果您通过搜索发现，市场上的确还有其他产品同样具有竞争力，那您可以用一个带有攻势的、出乎预料的应对策略，给客户一个惊喜，您可以建议客户认真查看市场上的其他产品，以便能拿它们来和您的产品作比较。"客户先生，谢谢您的提示。我很希望我的客户能同时留意其他公司的产品，这样我就能更加清晰地展示我们的优势了。让我们看看竞争对手那边都有什么货吧！"

这么做的效果是，客户首先会感到惊讶，他本来是想把您逼入守势的，而您现在却优雅地化解了他的攻势；与此同时，您还大大提升了自己产品的价值，因为客户觉得，您的产品肯定会有一些独到之处，他会想："如果销售员让我去了解业内的竞争，那他必然对自己的产品充满信心。"

如果客户说要转投到您的竞争对手门下，因为他们的产品乍一看更便宜，如果客户以此威胁您，那您千万不能惊慌，而应该展现出自己的好奇心。您可以邀请客户一起探索一下，这些更便宜的产品是如何出现的。

在同竞争对手的产品比较时要注意：如果竞争对手的价格的确比您的要低，那就不要讨论您的总价，而是始终讨论产品之间的差价。因为差价和您的总价相比，金额上肯定显小，这样，您的总价给客户带来的"冲击力"便消失了。在比较产品时，请不断强调您的产品和其他产品相比有哪些优势，这样，在客户面前，您的产品就能展现出令人无法抗拒的吸引力。

如果客户想要吓唬您，那您千万不能退缩。倘若客户用竞争对手的价格来压榨您，您完全可以冷静地还击。客户对您和您的产品必然是有兴趣的，否则他就不会和您谈价钱了，不是吗？

您要支持自己的价格，并让客户强烈地感受到，您能给予他的，肯定比您的竞争对手更多。

103. 交易是优质的销售谈话必然的结果

如果您的观念正确，那您的销售技术就能发挥作用。——这条在销售谈话其他阶段适用的原则，在成交阶段同样适用。您已经带领客户经历了需求分析、产品展示、异议处理和议价阶段，最终到达了成交的节点，也就是说，您已经提炼出了客户的购买动机，为客户提供了足够的信息，让客户的利益成为焦点，并通过自己的表现，为产品的价格提供了令人信服的根据。之后呢？

　　所有您此前说过的话，做过的努力，最终都会凝结到交易中来。所以，您依然还在客户的身边，对吧？销售就是销售，不是吗？如果您准备周全，态度自信，表现专业，那交易仅仅是一个由此产生的、符合逻辑的结果罢了。您没有理由在提出事先准备好的"成交问题"①时胆怯，或将购买的决定甩给客户，甚至干脆收兵撤退。恰恰相反，如果您这时候退缩，您就相当于将客户直接送给了竞争对手！

　　买卖本身并不是一场成王败寇的斗争，您和客户彼此是伙伴，你们要共同找到一个方案来解决客户的需求和需要，而这个方案就是您的产品。你们双方都将从交易中获利，所以您要帮助客户做出理性的决定。或者，您害怕取得成功？

　　所以，您应该充满自信地提出那个事先准备好的"成交问题"，并在提问的时候保持放松、平静。即便客户知道您的产品就是唯一适合他的那款，他在决定交易之前也一定会犹豫。客户在做出这个正确的决定时需要安全感，而您这时的工作就是打消他的顾虑。您可以再次为客户展示他能获得的利益，并再次强调客户的购买动机，来激发客户的想象力。这之后就要求他下单吧！因为销售工作的真谛就是激励对方行动起来。

---

　　① 作者所指的"成交问题"（Abschlussfrage）指的是销售员为了鼓励客户立即成交而提的问题（下同），典型的例子包括"那我现在就拿出订单？""那我们现在成交吧？"等。

您的洒脱和充满自信的谈吐将向客户证明，您确信自己为客户介绍了最佳方案，客户能遇到的最好的销售员非你莫属。所以，您不会没得到订单便离开客户。这种姿态并不意味着您要求客户做出对您有利的决定，而是您相信自己的产品。请表现得坚定，并不断努力，直到把生意做成为止。

如果您无法展现出必要的坚定，那客户就会开始怀疑："销售员是不是不相信自己的产品？"这样的话，即使客户购买了您的产品，之后也可能会后悔。不要将自己置身于这种风险之中，但也不要把客户生拉硬拽到终点，就好像捕杀猛兽的猎人拽着猎物的腿，把它拖到自己的农场那样。老派的"硬式推销员"的确是这么干的，但您更应该拉着客户的手，带领他通过终点线，并在完成目标之后和客户共同庆祝一番。

104. 客户希望自己被带到终点

有经验的采购员和决策者能做到面无表情，以便让销售员无法确定，自己究竟会不会下订单。尽管如此，您还是可以借助一些可靠的信号得知，客户是不是已经在思考交易之后的事儿了：

＊客户已经在询问您关于订单的事宜，例如交货期限和服务项目。这时，客户是否会与您交易，答案已经很清楚了，目前的问

题只剩下"如何"交易,即交易的执行。同样的道理,如果客户已经在"出声思考",或者直接提出了诸如"您最早什么时候能去我的楼里培训员工"一类的问题,那他也必然会与您交易。

　　* "这我可以想象得到"之类的话,证明了您的产品能让客户信服,因为他已经在内心把自己当成产品的使用者了。

　　* 您的客户主动说出了您提供的具体方案以及与您合作有哪些好处。这意味着,再次总结产品价值这项本属于您的工作,客户已经帮您完成了。如果您这时还不提出那个提前准备好的"成交问题",那您事后也没必要抱怨自己错失了机会。

　　为了将客户的积极态度转化成购买决定,您需要在谈话期间赞美客户。例如您可以告诉客户,他是一个顽强但公平的生意伙伴,或者您很喜欢他能够清晰地描述,自己作为用户对产品有哪些期待,或者您很希望能有更多像他这样喜欢仔细检验产品的客户。但不要单纯为了取悦客户,而去说一些口不对心的话,因为您的赞美只有是发自内心的,才能被客户相信。如果您给客户留下了爱说空话的印象,那您恰巧会在交易之前丧失客户的信任。这真是最糟糕的时间,因为您再也无法弥补这个过失了!

　　如果客户在交易期间再次搬出了自己的异议,或者您感受到了客户在同意之前的犹豫,您可以用一些所谓的"测试性问题"来探测客户内心的热度,也就是说,你们双方距离交易达成还有多远,比如:"想象一下吧,客户先生,假如我们在这一点上也能完全满足您的要求，那您能不能此时此刻就变成我们的客户呢？"

　　请耐心地回答客户所有的问题。展现出您对客户疑虑的理解，但不要把它们变成自己的疑虑，您应该做的，是坚持不懈地贯彻自己的目标："客户先生，我要是您的话，也会小心谨慎的……如果您现在能想想这些优势的话……"

　　在提出那个准备好的"成交问题"之前，请再为客户总结一遍产品的优势。您可以用加减分交叉法来将产品的优点和缺点对比，这个策略的关键点是，您当然不是列举产品本身可能存在的缺点，而是如果客户不接受您的方案，他将要面对的不利之处。通过这种正反对比，产品的优势将会在客户心中拥有更大的分量，这样，客户做出购买决定自然就容易得多了。

　　您要让客户感受到，交易已经近在眼前了。用充满期待的眼神看着他，保持目光交流。如果客户没有别的问题了，那您就提出那个已经准备好的"成交问题"吧。

　　归根结底，购买决定是您为客户做出的——决定源自您内心最深处的信念：您坚信卖给客户的，是他能够获得的最佳解决方案。而您却能让客户觉得，作出成交决定的那个人是他自己。

第八章

售后服务和售前服务同样重要

105. 在交易刚刚达成的那一刻，您的客户需要安全感

　　客户刚刚签署了订单，这时您千万不要急忙收拾东西，而是一定要留在他的身边：请紧紧握住客户的手，祝贺他完成了交易，并对他微笑。您的肢体语言将展现出您的平静、洒脱与自信，并让客户明白，他获得了一位值得信赖的，有责任感的合作伙伴，这个人会很好地关照他和他的订单，而这个人就是您。

　　"收好订单，快撤"——如果谁按照这个原则抬腿便走，那他定会将一个无助的客户留在身后。"销售员跑这么快，是不是订单有猫腻？"对交易的后悔感瞬间涌上客户的心头。可惜呀，这位客户没有再看看其他公司的产品。客户将自己宝贵的时间浪费在了这次谈话中，这令他很气愤。而正是这种愤怒，导致他最终做出了取消订单的决定。

　　您不要让事情发展到这一步。在签单的那一刻，您就要给予客户安全感，让他确信自己做出了正确的决定，让他知道，您向他保证过的，最终都会实现。——总之，一切都不会有问题。您应该让客户在签完订单之后，马上就能展望未来获得的收益："用不了多久，当您确定产品的废品率明显降低的时候，最迟到那时，您就会为决定购买这套系统而欢呼。"

您要给予客户那种美好的感觉，让他觉得您一直都在他身边。比如，作为汽车销售员，如果您向客户保证，当他在汽车中心找不到人能马上帮忙时，可以立刻联系您，那您一定能够赢得客户的好感。"客户先生，如果您无法搞定您的新车，如果这种不如意的情况真的发生了，别不好意思拨打我的私人号码！"客户真的给您打电话的概率几乎为零。但您能确信的是，客户一定会被您的责任心彻头彻尾地感动，并像妈妈怀抱里的婴儿一样，内心充满安全感。他也肯定会在下次烧烤聚会的时候和别人提到您。

请在会面结束后立即对谈话做总结，最好就在车里总结，因为这时谈话的一切都还停留在您的记忆中，您一定能回想起那些谈话时没来得及动笔记下的重要细节。让谈话过程在脑海中再回放一次，并记下所有您认为应该记下的东西，不仅仅是供货日期、供货条件、服务条件等与订单有关的信息，同时也包括客户公司的，当然还有客户本人的背景信息，尤其是那些客户可能仅仅一带而过的，与他有关的事。利用好这些信息，以便能够在日后给予客户独到的关怀，并用您的关注给客户带来惊喜。

给予客户他所需要的安全感，客户应当获得交易后比交易前更强的安全感。专业的客户服务是在握手后的那一瞬间开始的。

106. 交易的达成，是客户关系的开始

您从哪个方面能看出来一个销售员是否平庸呢？在交易达成之前，销售员与客户的联系，就像橄榄球运动员冲入对方守区那样频繁，而交易之后呢？一切信号都彻底消失。没有电话，没有邮件，什么都没有。对客户来说，销售员就像从地球上蒸发了一样，客户的无助感也就不足为奇了。

新客户是最容易在短时间内就对您失望的。比如在订单处理阶段，您曾向客户承诺过的内容，出现了一个小偏差。那么，就算这个偏差不会造成什么严重的后果，客户也会被自己的怀疑所折磨：那张订单是不是个错误？客户一旦投诉，那您即使能够化解他的猜疑，也必将为此投入巨大的耐心和精力。

顶级销售员明白，交易的达成，仅仅是客户关系的开始，而不是结束。为了避免客户对交易后悔，您必须遵守所有承诺过的内容。您获得了订单，但只有赢得了客户的信任，您才能让这张订单生存下去。

以客户为中心，立即执行订单，仅仅是标准而已。但如果您能将订单确认函附在一封为客户准备的信件中，最好再配上几行用钢笔手写的文字，那您的举动便与众不同了——一个小小的礼物，却能为您个人加分，并产生大效果。在千千万万封标准化的由文段堆砌成的千篇一律的订单确认函中，您的确认函一定会给客户留下积极的印象。请让客户得到这份快乐，并让他知道，自

己作为客户对您很重要——在交易达成之后亦是如此。

或者在客户准备将产品投入使用时，您可以通过派遣公司技术服务人员等方式，给予他们实打实的帮助。如果您能在交货后的一段时间给他打电话，问问他们一切是否正常，还有没有什么要求，那您一定可以给您的新客户一个惊喜。通过询问老客户对您的产品和服务的满意度，您同样可以给他们带来惊喜，当然，这也是完成追加销售的好机会。

绝大多数销售员都会忘记：客户的忠诚就是真金白银。维系住现有的客户，比赢得新客户要省力得多。尽管如此，还是有三分之二的公司每五年就会失去一半的客户。顶级销售员明白，交易刚刚达成的那段时间，是维系客户关系最好的时机。利用专业的售后服务，您可以点燃客户的热情。而被点燃热情的客户，不仅是您忠实的客户，还是您最好的推荐者。

107. 过失也是团结客户的机会

优秀的销售员同样也会在处理订单的时候出现过失。即便客户的要求越来越高，即便二十年前的高端客户服务放到今天只能算是标准化服务，有句话我也不得不说：没有人是完美的。您有可能在记笔记的时候把两个数字抄反，您销售部的同事有可能没有正确地执行您的预定规划，产品的生产阶段也有可能出现延误，导致您无法遵守自己的交货期限。有得必有失。有人工作的地方，错误就会出现。人总会犯错误的，不是吗？

在售后服务阶段，您的态度同样是决定性的，将顶级销售员和那些连平均水平都达不到的销售员彼此区分开的，正是态度。在客户投诉的时候，后者会隐藏起来，装死，或者搬出那些三流的借口，指责自己生产装配部门或服务部门的同事，当然他们也可能想出其他乏味的、毫无团队精神可言的借口来。更有些厚颜无耻的"高人"，因为没有承认错误的胆量，居然会尝试把自己的过失推到客户的头上去。

而顶级销售员清楚，无论错误是从哪里产生的，错误就是错误，没有借口。所以一旦客户碰巧赶上了，他们便会无条件地承担错误的责任。的确，您在订单执行的很多环节中都没有，或者只有很小的影响力，但一旦出现什么异常，您就是要为此负责的人，因为您是公司的脸面，是那个客户信任的人，是客户的合作伙伴。因为是您为客户许下了没被遵守的承诺。

顶级销售员和平庸的销售员之间的第二个区别是，前者不会将错误看成是一次痛苦的失败，而是一次机会，一次通过自己专业的错误管理技能来打动客户的机会。这样，一件看似不利的事就会变成一件真正的好事。

借助错误管理中的 ISCA 策略，您虽然不能让错误消失，但却可以让错误变好。无论如何，您要自信地对待错误，并让客户知道，处理错误对您来说绝对是当务之急。

I did it！（是我干的！）—— 诚实乃上策：立刻毫无保留地承认自己的错误！

Sorry（对不起）——诚挚地请求客户的原谅。不要找借口！您的客户永远都希望自己有理，而且客户的确永远有理，因为他们处在优势地位。

Correction（改正）——请为您的客户提供一个解决方案，询问客户对于这个解决方案有什么看法，以及他还有什么别的要求或愿望。请让客户加入到解决过程中来，这样客户会觉得自己被重视了，并觉得您的确把这个解决方案放在了心上，并用自己的责任心在推动方案执行。

Analysis（分析）——如果错误已经被消除了，那您一定要拿出时间来，和参与进程的同事一起，借助一次全面彻底的分析来找出错误产生的原因，以便今后不再出现同样的错误。

错误是无法避免的，关键的是您如何对待它。不要把脑袋钻到沙子里，而是直面自己的责任，并利用这个契机，将客户被点燃的愤怒变成热情。

108. 客户的投诉是重中之重

正在抱怨的客户有时候真让人心烦。您不得不忍受如潮水般袭来的怨气、怒火和挖苦，而客户的不解、失望和打算放弃的念头，则正如暗流般涌动。但我想说：客户的电话本质上是一个求助电话，并且为您提供了潜在的机会，让您能够赢得这位客户，或者与他团结得更加紧密，即使客户的情绪让您觉得事情未必是这样的。

而要想做到这些，前提是您要以专业的方式处理客户的投诉。您要告诉客户，他的投诉是您的头等大事。您是他的客户经理，虽然您也许不是公司经理，但您应该对客户通过购买公司的产品和服务而应该得到的一切负责。

专业的客户投诉处理要遵循下面这些基本的行为准则：

* 重视每一个投诉。因为每一个投诉在客户看来都是有道理的——即使您得出的结论是客户自己搞错了。

* 即使是没有道理的投诉，您也要婉转地应对。就算客户最后发现错误在自己身上，他也不想失去脸面。

* 请像解决合理的投诉一样，解决掉那些没有道理的投诉。因为您拖得越久，客户就会显得越不耐烦。客户认为，他的投诉应当被看作是当务之急。

* 如果错误在您身上，绝对不要尝试为自己辩解，而是诚恳地道歉。

* 您要亲自关注客户的投诉，让投诉在保障客户利益的前提下被妥善地解决。请留意投诉处理的进程，因为您最终要对此负责。

您不应该仅仅扮演投诉部经理的角色，而是要成为客户的负责人。在客户投诉两周后，您可以通过电话给他一个惊喜。给他拨个电话，问问他是否一切都如愿，确定投诉处理以令客户满意的方式结束。您的客户定会为您如此上心而感到高兴，而这时，您又可以利用这个机会，问问客户今后是否愿意推荐您。

利用投诉带来的好机会，把客户团结到自己身边吧。高质量的服务意味着，回到您身边的应该是客户，而不是您的产品。

109. 良好的危机沟通将起到决定性的作用

巧妙的危机沟通是专业的投诉处理中的一部分。因为刚到的产品没有发挥预期的效果，客户大失所望；因为运输时遗漏了一个配件，导致客户失去了宝贵的工作时间……这些意外在客户看来都是一个或大或小的危机，而客户则想要马上度过危机。

所以，您要在接客户的电话时，展现出自己的平静和沉着，这会给客户释放出一个信号："我会为此负责，我们会一起搞定它，一切都会好的。"这意味着，尽管您感受到了客户的愤怒、嘲讽和绝望，但要对此充耳不闻，以便能让自己的耳朵接收到和客户致电缘由相关的信息。如果您像客户一样做出情绪化的反应，那您负责理性分析的那只耳朵就被塞住了。如果您没有给予客户他此刻需要的支持，而是用语言还击客户，那您便陷入了一场只可能失败的斗争之中。

所以，您应该积极地倾听，最初的五秒钟对电话营销是决定性的。不要尝试去安抚客户，客户现在并不想被阻止，而是想先把自己的失望都表达出来。所以，请让他说完，否则他会因为自己愤怒而又一次从头开始。这会让他更加心烦，而您则是失去了宝贵的时间，却没有得到新信息。不要打断客户，而是尝试从客户最初的话语中总结出一些重要的内容，并做笔记，以便之后能够有针对性地询问客户投诉的原因。

客户发泄完怒火之后，您可以表达对客户的理解："客户先生，我们的产品让您如此生气，我真的非常遗憾。我完全能理解您的不满，对您的气愤，我感同身受。"借助这样的话语，您能保证自己和客户在感情层面上不会有误解和冲突。这时，您已经为接下来关于业务问题的谈话扫清了障碍，而谈话的目的则是尽快找到一个能让客户平静下来，感到满意，甚至能感动客户的解决方案。

请提出开放性问题，以便能准确找出客户投诉的原因。如果您有哪点没明白的话，一定要追问客户，与此同时，您要用自己的语言复述客户谈论的事件，以便客户能够确定您明白了他投诉的目的。您也能借此向客户证明，自己已经将客户的期求放在了心上。这样，客户的怒火会更快地消散，因为他觉得自己受到了很好的对待。

一旦集齐了所有重要的信息，那您便可以开始和客户共同敲定一套尊重了客户意愿的解决方案。如果可以的话，您可以拿出几套不同的方案供客户选择。通过与客户共同制定接下来的步骤及期限，您能让客户为卓有成效的投诉处理承担自己的一份责任。这样，客户便会觉得自己有义务遵守约定的时间，并做出必要的反馈。但要注意，在您最终确定的解决方案中，不能出现您无法真正做到的事情。

最后您要感谢客户的反馈，也要感谢他给了您澄清问题的机会："客户先生，衷心感谢您能够给我机会，让我能够快速并彻底地解决您的投诉。通过您的帮助，我们可以改进服务，这样我们的其他客户也可以从中获益。"

第九章

通向销售精英之路

110. 失败者的准则

您能从哪些特征断定一位销售工作者是个平庸之辈？他是如此"准时"，以至于您可以用他来对表。早晨9点他会踩着点儿来到办公室，精确到秒，而晚上5点，伴随着教堂的钟声，他会丢下手中的铅笔，迅速消失，而您能看到的只有他的背影。

他的目标是获得普普通通的佣金，而客户在他的眼里只是达到目标的工具而已。客户关系呢？对他来说，客户关系只是一个在销售领域中被过度重视的概念。在他心中，只有业绩、数据和结果才是最重要的，只要他的业绩还说得过去的话……

一旦有事情搞砸了——当然这在他身上经常发生——他一定会从别的方面找原因：公司、客户、销售领域、公司配的车、工作压力、经理、糟糕的天气、旅馆乏味的早餐、导航、拥堵的交通……而当他因为自己的能力而遭到批评时，他一定又会把责任推卸到销售的结构、系统和进程上去。他对所有人、所有事的怀疑都如此之深，以至于对自己的怀疑、对自己的责任感，以及对自我的管理等方面，在他的脑海中都没有生存空间了。

在他看来，继续教育是沉重的义务，等同于浪费时间。职业发展？在他眼里也是没必要的，因为他觉得自己该会的都会了，自己在销售领域已经足够精明了。

他没有单纯地将自己看成销售员，所以在他的名片上会出现"地区销售经理""公司代表""西区直销经理""销售总经理"以及其他或多或少能吸引眼球的头衔。

他认为，那些有意义的反馈、新潮的观念和销售技巧，以及来自上级和同事的实用建议等等，在他的成就面前都是多余的。哪怕在自己的安乐窝中感受到一点点约束，他都会很难受。——不要改变！

如果上面这类销售员就是您一直在追逐的榜样，那我可以给您一些建议，让您能够更靠近这些榜样：

* 不要在销售员中显得与众不同，这样会让您有亲和力；

* 不要为自己设定目标，这样您销售时就没有压力了；

* 永远用好听的空话去迎合客户，反正客户更明白该聊些什么；

* 永远待在熟悉的客户身边，因为老客户不会让您难受；

* 无论销售潮流怎么变，随波逐流就好，不要打造自己的风格；

* 永远一个人去吃午餐；

* 永远表现得不可靠——信任会这样产生；

* 永远和自己最弱的竞争对手比——这会让自己感觉良好；

* 让客户一个人做出购买决定——如果他想下单，他一定会告

诉您；

  ＊把所有的生日、纪念日和特定日期都抛到脑后——祝福就是毫无必要的温情主义；

  ＊不要去做问询，优质客户自己会送上门来。

111. 一次当管家，一辈子都是管家

  您要让自己有别于那些待在普通的公司，销售着普通的产品，面对着普通的客户，挣着马马虎虎的佣金的普通销售员。同样，和那些崇尚"先拍马屁，然后喋喋不休，最后缴械投降"的销售员，您也要同他们划清界限。请和客户平起平坐，因为您对客户来说，是一位值得尊重、值得信任的合作伙伴。

  您要比那些喜欢通过闲聊来糊弄人的销售员表现得更有创意，他们只会用有一搭没一搭的话来偷走客户的时间。您却应该开门见山，直奔重点，因为您的客户清楚，您是销售员，您和他约定了谈话时间，是为了能向他销售产品。

  您要比那些"会计型销售员"干得更出色一些，对他们来说，填表、盖章、交表就是销售工作的"高潮"。但对您来说，报价的主要作用是帮助您维护客户关系，以及方便您为手头这位女士或先生提供方案。

  不要成为"宣传册分发者"，这类推销员只会让客户身边堆

满垃圾般的宣传材料，并用自己模式化的报价函来折磨客户。想让客户开心，您就要按照客户的个人情况来进行利益论证，并拿出针对客户的需求而量身打造的报价函。这样的报价，客户是无法抗拒的。您的口号应该是，积极地倾听，正确地提问，挖掘出客户的购买动机。尽量压低自己说话的比例，并借助客户需求分析来展示自己的产品，以便客户能立即发现解决问题的方案。让自己尽快了解潜在的新客户，确立自己的谈话风格，思考一下，您的产品展示看起来如何，您怎么才能从容不迫地化解那些可提前预料的客户异议。在议价过程中，您要坚定立场，并带领客户完成交易。

不要成为那些很快就用"你"来称呼客户的家伙。因为这类伙计会将生意和私生活混为一谈，并失去与客户之间那段应有的"职业距离"，结果便是把最高的折扣拱手让出。如果您把客户当成自己的朋友和老熟人，那么请记住一点：好朋友，明算账。

最重要的是，让自己不同于那些只会说"是"的"好好先生"，即那些满足客户一切愿望的销售员。只有客户拿出像国王一样的风度时，他才是国王。不要屈服，尤其是在异议处理和议价阶段。一旦您将自己的谈判立场解释清楚了，那就不要从自己的立场中退缩，而是坚守住那些让交易对双方都有好处的条件。您只要有一次弯腰屈服，有一次被客户牵着鼻子走，那客户肯定会永远这样对待您。之后，打折的"洪水"便会淹没您，而您只能围绕着价格来销售了，因为您已经失去了来自客户的尊重。

一次当管家，一辈子都是管家。您虽然能成为"后勤经理"，但也不过是个升级版的管家而已。

致　谢

　　如果说我在这些年的销售生涯中学到了什么的话，那便是，没有什么是比真诚的、发自内心的感谢更重要的。我首先想感谢我的客户，感谢他们对我的信任，同时也感谢他们给予我的建议，当然还有他们的抱怨，因为只有借助真实的反馈，我才能不断完善自身，并成为今天的自己。

　　我对您手中捧着的这本书非常骄傲。它绝对是我最出色的书之一，包含了从实战经验中浓缩提炼出的精华，而这些经验是我在过去三十年的销售生涯中积累的。

　　我还要向我的朋友及同事安德烈亚斯·布尔（Andreas Buhr）表达深深的谢意，因为最初撰写《顶级销售的111条军规》这个主意，就是在我们一次次的谈话过程中诞生的。我当时立刻就意识到，自己可以从这个话题中做些文章。安德烈亚斯，谢谢你的灵感！同样，我想向我的拳击陪练搭档帕特里克·格鲁特费尔特（Patrick Grootveldt）[①]致以谢意，感谢他再一次展现出了令人难以置信的耐心。

---

　　① Patrick Grootveldt 先生亦从事商业培训师工作。

如果还有谁知道，我不是什么时候都过得那么容易，那他们一定是我的父母，还有我最爱的安德里亚（Andrea）。无论我要做什么，他们一直都在我身边支持我，当然也在我写这本书的时候。真的谢谢有你们在！

《顶级销售的 111 条军规》中涉及了规则与冲破规则。如果有谁能够不断教给我新的法则，那这个人一定是我的儿子克里斯（Chris）——他在我眼中是世界上最好的销售员。还有一位，每天都会把所有的规则弄得一团糟，它就是我们家中最小的成员——我们的贵宾犬埃格（Ego）。正是因为这些，所以我爱你们。

我同样要对我亲爱的助手们献上满心的感谢：你们在公众关系、社交媒体、网页制作、组织安排等方面都完成了非常出色的工作。你们真是太棒了！

当然我还要感谢加巴尔出版社（GABAL Verlag），尤其是乌特·弗洛肯豪斯（Ute Flockenhaus）和安德烈·荣格尔（André Jünger），感谢他们与我出色而紧密地合作，也感谢他们没有觉得我有哪个点子太过疯狂。

这些年来，我同样从自己的生意伙伴、顾客，以及我的训练项目、演讲和指导课的参与者身上学到了很多。感谢你们的意见、耐心和支持。你们总是不断地激励着我做到最好！

马丁·林贝克